HEST AL HÖÖRT ?

Die Deutsche Bibliothek
CIP-Einheitsaufnahme

HEST AL HÖÖRT?:
Bilder und Geschichten vom Lande /
Hans Hermann Storm. –
Hamburg: Christians, 2000
ISBN 3-7672-1348-6

LITERATUR- UND QUELLENANGABEN
Div. Zeitschriftennummern von DIE HEIMAT
Plattdeutsches Wörterbuch MENSING

BILDNACHWEISE
Hr. Thomas Backens, Marne: Titelbild und S. 28
Fr. Gretel Bartel, Wagerott: S. 9
Fr. Ilse Bayer, Hamburg: S. 50
Hr. Th. Möller, Kiel: S. 10 und 16
Fr. Chr. Dörr, Eutin: S. 13
Hr. Lorenz Kahl, Rendsburg: S. 20 und 59
Fr. Wegner, Rendsburg: S. 22
Fr. Anita Kommeroh, Elsdorf: S. 44
Hr. H. Mumm, Sörup (aus dem Archiv v. H. Sievers): S. 60
Alle übrigen Bilder sind aus eigenem Archiv (Mahrt)

© Christians Verlag
Hamburg 2000

Umschlaggestaltung:
Karen Kollmetz/Carsten Best

HANS HERMANN STORM

Hest al höört?

Bilder und Geschichten
vom Lande

CHRISTIANS VERLAG

INHALT

Jürgen Mahrt (1881–1940)

Vorwort

„Hest al höört?" Mit diesen Worten mögen damals viele Dorfgeschichten unserer Altvorderen ihren Anfang genommen haben. Wenn Melkfrauen beim allmorgendlichen Milchanliefern vor der Meierei zusammenkamen und Hofnachbarn sich auf der Straße oder am Gartenzaun begegneten, so dürfte wohl manche brisante Neuigkeit mit diesen drei Worten eingeleitet worden sein. Mein Urgroßvater Hinrich Mahrt „schwadronierte" damals ausgesprochen gern, manchmal „spökelte" er sogar, d. h. in seiner ausgeprägt mitteilsamen Art schmückte er gehörte Geschichten so aus, dass sie sich fortan wirksamer weitererzählen ließen. Auch wusste er Neuigkeiten stark überzogen zu verpacken und diese dann gezielt zu platzieren. Als er 1947 im gesegneten Alter von 91 Jahren starb, war sein Dorf dadurch um ein echtes Erzähloriginal ärmer geworden. Viele der damals an Einzelpersonen und Familien gebundenen Geschichten blieben wegen ihres herben Witzes und ihrer Urwüchsigkeit noch lange als Erzählgut erhalten.

Mein Großvater, Jürgen Mahrt (1881–1940), hat zeitgleich zur Entstehung dieser Erzählungen mit seinen Plattenkameras den Dorfalltag fotografiert. Er wird damals sicherlich noch nicht geahnt haben, dass wir heute auf seinen Bilddokumenten, welche den z. T. auf Platt wiedererzählten Geschichten in diesem Buch zugeordnet sind, in eine Welt zurückschauen können, die schon fast in Vergessenheit geraten ist.

Ihr

Hans Hermann Horn

Beim Melken (ohn' Schemel in de Huck)

Als im 16. und 17. Jahrhundert viele wegen ihrer Glaubensrichtung verfolgte Holländer ihre Heimat verlassen mussten, da gelangten etliche von ihnen auch nach Schleswig-Holstein. Bereits im 11. Jahrhundert wurden ihnen hervorragende Kenntnisse in der Wasserwirtschaft nachgesagt, weshalb die Obrigkeit im Norden sie damals auch zuerst für Entwässerungsarbeiten in den Elbniederungen anheuerte. Riesige Feuchtflächen wurden entwässert und in äußerst fruchtbares Kulturland umgewandelt. Andere Holländer gelangten auf Einladung des damaligen Dänenkönigs in das Eider-Treenegebiet, legten dort große Sumpfgebiete trocken und gründe-

Holländereien in Schleswig-Holstein

ten im ersten Drittel des 17. Jahrhunderts das schmucke Holländerstädtchen Friedrichstadt. Als Gegenleistung wurde den Siedlern die Religionsfreiheit zugesichert. Zusätzlich räumte man ihnen langfristige Steuererleichterungen ein und versprach ihnen die Bürgerrechte.

Viele Holländer hatten in ihrer alten Heimat intensive Rinderhaltungen betrieben und wurden wegen dieser Kenntnisse bevorzugt für die auf den schleswig-holsteinischen Großbetrieben vernachlässigte Milchwirtschaft geworben. Sehr bald hatten die fleißigen Spezialisten ihre in eigener Regie geführten und mit langfristigen Pachtverträgen abgesicherten „Holländereien" zu äußerst lukrativen Milchwirtschaften entwickelt und die Kuhzahl vervielfacht. Ihnen gehörten schon bald neben dem Viehbestand alle zur Viehhaltung und Milchverarbeitung nötigen Gebäude sowie das zur Meierei gehörende Inventar. Sie beschäftigten damals bei einer angenommenen Herdengröße von ca. 300 Kühen rund 25 Leute. Das waren: Ein Küper (Fassmacher), ein Fassmaler, der wintertags im Stall mit aushalf, zwei bis drei Stallhelfer, einige Harden (Hirten) und fünfzehn Holländerdeerns (Milchmädchen). Der Holländer selbst kontrollierte alle Außenarbeiten und war für die gesamte Betriebswirtschaft zuständig. Die Milchverarbeitung lag meistens im Verantwortungsbereich der Holländerin, die im Butter und Käsekeller oft ein hartes Regiment führte.

Schauen wir uns doch einmal einen damaligen Tagesablauf in einer solchen Holländerei an:

Bereits vor 3.00 Uhr in der Frühe weckte die Holländerin ihre Milchmädchen, die sich zu zweit ein unbequemes Bett in einem großen Schlafsaal teilen mussten. Nach einer „Katzenwäsche" eilten die Deerns zum Abrahmen, Buttern und anschließenden Geschirrreinigen in den Milchkeller. Dieser war bei einer Deckenhöhe von ca. 4 Metern nach Nordosten hin ausgerichtet worden und hatte zur Kühlung in der Westwand ein mit Haargitter versehenes Lüftungsfenster bekommen. Außerdem war der Ziegelfußboden mit geringem Gefälle verlegt worden und konnte beliebig mit Drainwasser überflutet werden, so dass durch die Verdunstungskälte stets eine günstige Raumtemperatur von ca. 15° C gehalten werden konnte.

Gegen 4.00 Uhr war die Kellerarbeit erledigt. Nun schulterten die Mädchen ihre Tragen mit den beiden Holzeimern und marschierten zum Morgenmelken hinaus aufs Feld. Jede Melkerin hatte innerhalb von 2 Stunden die ihr jeweils zugeordneten stets gleichen 18–20 Kühe sauber auszumelken. Dabei wurde sie vom umsichtigen „Alten" kontrolliert. Meistens auf Übermüdung und Überforderung zurückzuführende Nachlässigkeiten wie „schlechtes Ausmelken" wurden von Seiten des „Obers" mit harter Bestrafung bedacht.

Nach ca. 1 1/2 Stunden Melkzeit transportierte der Holländer die bis dahin ermolkene Milch in großen Holzkübeln, welche an einem Spezialwagen hingen oder von einem Esel getragen wurden, als „Vördracht" zur Holländerei. Das Gemelk der letzten halben Stunde trugen die Mädchen mit ihren Drachten nach Hause. Um ein durch die Schrittschwankung bedingtes Überschwappen der Milch aus den Eimern zu verhindern, hatten die Deerns Schülperbricken (Holzbrettchen) auf die Milchoberfläche gelegt. Insgesamt lasteten gut 100 Pfund auf ihren Schultern, deshalb waren für die Mädchen zum Ausruhen nach bestimmten Streckenabschnitten „Settsteden", das waren kleine Plätze zum kurzweiligen Eimerabsetzen, eingerichtet worden. Gegen 7.00 Uhr waren alle Mädchen zum Betrieb zurückgekehrt, hatten die Milch in Sat-

Milchverkauf vom Hundekarren aus

ten (flache kleine tönerne oder große hölzerne Schalen) gefüllt und diese dann ins Sattenregal gestellt. Dort setzte sich innerhalb von 24–30 Stunden der Rahm oben auf der Milch ab, der dann mit Rahmlepeln (Rahmkellen) abgeschöpft und zum Säuern in „Stannen" (große Rahmfässer) übergefüllt wurde. Das nach oben hin nicht luftdicht zu verschließende Rahmfass wurde an einen etwas wärmeren Platz gestellt, damit der Säuerungsprozess gut anlaufen konnte, notfalls beschleunigte man aber diese „Sahnereifung" durch Zugabe von etwas Buttermilch.

Um 8.00 Uhr konnten endlich alle in der Holländerei Beschäftigten ihre erste Mahlzeit, *de Fröhkost*, einnehmen. Dabei saß die ganze Mannschaft um den langen, rohen Gesindetisch herum und langte kräftig zu. Die Kost war wenig abwechslungsreich, meistens gab es in Buttermilch gekochte Gerstengrütze oder Buchweizengrütze mit abgerahmter Milch. Dazu konnte sich jeder beliebig viel von dem grob geschnittenen und über den ganzen Tisch verteilten Schwarzbrot als „Stippbrot" nehmen.

Nach der Frühkost teilten sich die Mädchen in zwei Arbeitsgruppen auf. Einige begaben sich in

8

den *Butterkeller,* um dort Butter zu stoßen oder zu drehen, wenn noch kein Hundetretrad oder über den Göpel betriebene Drehbutterfässer installiert waren. Da der damalige Butterertrag aus dem Jahresgemelk einer Kuh bei gut 150 Pfund lag, war es anfangs durchaus noch möglich, die anfallenden Rahmmengen in handbetriebenen Stoß- oder Drehbutterfässern zu verbuttern.

Die Mädchen rührten die in den Stannen breiig gewordene Sahne gut durch, füllten sie dann in die Stoßbutterfässer (Karrn, Stöötfatt) und begannen mit der Plümperarbeit. Nach einer guten halben Stunde kräftigen Stoßens mit der „Rüüsch" (Stoßstange mit unterer Lochscheibe) waren alle Fettblasen im Rahm zerstoßen, so dass die Butter im Fass zusammenklumpte. Beim Plümpern mitgesprochene kleine Begleitverse sorgten für die Takteinhaltung und den Ansporn bei dieser monotonen und kräftezehrenden Arbeit. Ein solcher Spruch lautete:

En Hehn un en Hahn
un en Tucketucketuck,
en Schaap un en Lamm
un en Bucklebucklebuck,
en Söög un fief Farken,
sünd dat nich söß Swien,
wat schregen de ool
Farken,
wat schreeg dat ool Swien.

Wollte es jedoch nach längerer schweißtreibender Arbeit nicht buttern, dann sagte man: *Dor sitt de Bodderhex bin!* Gegen diese Hexerei kannten die Altvorderen jedoch ein plietsches Mittel. Sie banden einen feinen Zwirnsfaden zusätzlich zu den Fassringen um das Butterfass herum. Begann die Hexe nun mit ihren Zaubersprüchen, in denen auch die Anzahl der Fassringe eine Rolle spielte, dann zählte sie den Zwirnsfaden fälschlicherweise bei den Fassringen mit und ihr Zauber war unwirksam geworden.

Da man jedoch auch damals schon wusste, dass unsauberes Geschirr und starke Temperaturschwankungen die Rahmsäuerung und davon abhängig das Buttern nachteilig beeinflussten, achtete die Holländerin stets darauf, dass die Reinigungsprozeduren peinlichst genau befolgt wurden.

Hatte es „gebuttert", dann goss die Melkerin die Buttermilch, welche als Erfrischungsgetränk für die Bediensteten oder als Mastdrang für die Meiereischweine genommen wurde, ab und nahm die Butter mit einem Spatel aus der Stoßkanne heraus. Anschließend erfolgte die Butterreinigung durch Walken im Wasserbad. Danach kneteten die Mädchen noch jeweils 1 Pfund Lüne-

In der Gosse einer Holländerei

Buttern mit dem Drehbutterfass

ein bis zwei solcher Einschlagfässer gefüllt werden.

Als beste Butter galt vom Geschmack und von der Farbe her die „Grasbutter" (Juli/August).

Um auch der blassen Stallbutter ein besseres Aussehen zu verschaffen, färbten die Kleinbauern ihre Butter damals mit Karottensaft ein, während die Holländer dazu „Orleans" einsetzten. Diese gelbrote Butterfarbe war auf Sansibar und in Südamerika aus den Samenschalen des Busches „brixa orellana" gewonnen worden.

Zum Haltbarmachen für den langen Schiffstransport musste sie mit faulem Urin versetzt werden und konnte hier erst wieder verwendet werden, nachdem sie in Öl ausgekocht worden war. Da sich der lateinische Name „brixa orellana" schwer aussprechen ließ, verballhornten die Holländer ihn einfach zu „Orleans".

burger Salz zum Haltbarmachen in 20 Pfund Butter hinein und befüllten damit 120 Pfund fassende Holzfässer. Dann wurden noch 2 Zentimeter Salz auf der Butteroberfläche verrieben, danach das Fass zugedeckelt und bis zum Verkauf und Abtransport kühl zwischengelagert. Bei der Herde von 300 Kühen konnten täglich

Die Mädchen, die nicht im Butterkeller arbeiteten, hatten sich in den *Käsekeller* begeben. Dieser war weit genug vom Butterkeller entfernt errichtet worden, um keinen für die Butter verderblichen Käsegeruch in den Butterbereich gelangen zu lassen. Hier wurde der bekannte Holländerkäse hergestellt.

Die Mädchen gossen ca. 700 Liter Magermilch in einen riesigen dickwandigen Kupferkessel, erwärmten diesen behutsam und füllten die warme Milch in eine große Käsebalge um. Dann wurde Laab, ein aus Kälbermägen gewonnenes Ferment, hinzugegeben, damit die Gerinnung erfolgen konnte. Nach ca. 2 Stunden fielen die ersten Käseteilchen aus. Während der nachfolgenden Rührarbeit mit der Käseharfe setzten sich die restlichen Käseteilchen unten auf dem Fassboden ab. Die Molke (als Schweinedrang genutzt) wurde abgeschöpft und die Käseteilchen (Wrungeln) in Wringtüchern ausgequetscht. Nach Würzung und Einsalzen gelangte diese Käsevorstufe in die Käsköppe (Pressen in Laibform) und erhielt dort durch starke Pressung innerhalb von 12 Stunden die stabile Endform. Es waren jedoch noch einige Wochen Lagerzeit in speziell klimatisierten Räumen nötig, bis der Käse ausgereift war und verkauft werden konnte. Aus den angesetzten 700 Litern Magermilch hatte man letztendlich 4 runde 18-pfündige Käselaibe hergestellt. Bei vier Durchgängen (Kesselfüllungen) pro Tag konnten somit 16 runde Holländer erzeugt werden, man begnügte sich jedoch meistens mit zwei Durchgängen und verwendete die übrige Milch für die Kälberaufzucht und zur Schweinemast.

Auch hier in der Käserei musste genau wie im Butterkeller stets auf peinlichste Sauberkeit aller Gerätschaften geachtet werden. Mit heißer Lauge, Heidekrautschrubbern, Bürsten und dem Bohner (Rundbürste) beendeten die Deerns diese schwere Arbeit kurz vor Mittagszeit.

Gegen 11.30 Uhr wurde zum Mittagessen gerufen. Gewöhnlich gab es Grützen, Eierspeisen mit Speckfett und dazu jahreszeitliches Gemüse. Sofort nach dem Essen nahmen Mädchen, denen keine Zusatzarbeiten aufgetragen worden waren, ihren wohlverdienten Mittagsschlaf bis 14.00 Uhr. Danach folgten wieder Arbeiten in den Gossen (Kellern), bis gegen 17.00 Uhr allesamt zum Nachmittagsmelken auf die Weide

hinausmarschierten. Um 19.30 Uhr kehrten die Milchmädchen vom Melken zurück, gossen ihre Abendmilch in die Satten und erledigten bis 21.00 Uhr die letzten unerlässlichen Kellerarbeiten.

Die jüngeren und ebenfalls die etwas schwächlicheren Meiereimädchen schlurften nun umgehend in den Schlafraum und fielen dort todmüde von der Tagesarbeit ins Bett. Viele der älteren und resoluteren Deerns schwärmten jedoch noch aus und versuchten, den tristen Alltag durch ausgelassene Gelage und kurze Freuden zu überdecken. Nur wenigen von ihnen gelang es, aus den Gossen herauszukommen, nämlich dann, wenn sie einen Knecht oder nachgeborenen Bauernsohn heiraten und in dessen Kate ziehen konnten.

Dieser gerade beschriebene Tagesablauf führt uns vor Augen, dass den Holländermädchen damals ein strammer 17-Stunden-Tag zugemutet wurde. Ergaben sich ausnahmsweise einmal einige Freistunden, dann wurden die Mädchen auch noch auf den Feldern, im Garten und für

Eine „Deern" befüllt den Keeskopp

Textilarbeiten eingesetzt. Wenn eine Melkerin arbeitsunfähig krank war, so wurde darauf wenig Rücksicht genommen. Die Schwangerschaft eines Mädchens rechtfertigte damals sogar die fristlose Entlassung. An diesen erbärmlichen Zuständen änderte sich auch kaum etwas, als Anfang des 19. Jahrhunderts eine Gesindeordnung herausgegeben wurde. Wegen dieser schlimmen Arbeitsbedingungen fanden sich deshalb auch nur Gestrandete oder Mädchen aus den untersten Sozialschichten bereit, sich als Holländermädchen zu verdingen. Entsprechend war auch der Ruf dieser „Holländerdirnen". In der zweiten Hälfte des 19. Jahrhunderts kamen dann tausende Schwedenmädchen nach Schleswig-Holstein, um den Stellenbedarf an Meiereimädchen aufzufüllen. Aber auch sie besserten das Ansehen dieses Standes keineswegs auf, sie waren und blieben die Mädchen aus der Gosse. Die Holländer verkauften ihre Einschlagbutter und Käselaibe an Händler in den Großstädten, ihre abgemolkenen Kühe und Mastochsen veräußerten sie an Schlachtereien und auf den Rindermärkten im Lande. Über 300 Jahre lang existierten diese Holländereien, die ähnlich wie Meierhöfe geführt wurden und Nebenhöfe der Gutsbetriebe waren. Im Laufe des 19. Jahrhunderts verlängerten die Gutsbesitzer jedoch ihre mit den Holländern abgeschlossenen alten Pachtverträge nicht, weil sie sich inzwischen informiert und „klug" gemacht hatten. Sie wollten die Milchwirtschaft jetzt selber als gute Einnahmequelle in Eigenregie mit angestellten Schweizern betreiben.

Melker und Melkerinnen bei ihrer Arbeit im Melkkoben

Rezept
Schnelle Rote-Linsen-Suppe

Suppe, Stippbrot und Salz auf dem Esstisch einer Bauernfamilie

Zutaten:

1 Zwiebel
etwas Öl
250 g rote Linsen
425 g Tomaten aus der Dose
1 l klare Brühe
glatte Petersilie
saure Sahne

Zubereitung:

Zwiebel hacken und in Öl dünsten. Rote Linsen, Tomaten und Brühe zugeben, aufkochen und ca. 20 Minuten köcheln lassen. Petersilie hacken und dazugeben.

Mit einem Klecks saurer Sahne servieren.

Guten Appetit!

Knicks in Schleswig-Holstein

Im holsteinischen Teil sowie in den meisten Geestgebieten des übrigen Schleswig-Holstein sind die Kampe (Felder) heute durch Wallhecken eingefriedet. Das war nicht immer so, schauen wir deshalb einmal um ca. 200 Jahre zurück.

Schon damals gab es vereinzelte Bestrebungen, die gemeinschaftlich bewirtschafteten landwirtschaftlichen Großfelder in kleinere Flächen aufzuteilen und diese den Bauern zur privaten Nutzung zu übereignen. Da solche sporadischen Ansätze über Jahre hinweg jedoch kaum nachgeahmt wurden, die Herrschenden sich aber ein verbessertes Steueraufkommen aus den Privatwirtschaften erhofften, wurde 1771 der Flurzwang aufgehoben und eine Einkoppelungsverordnung erlassen. Aber erst eine „Allerhöchste Resolution" des Dänenkönigs im Jahre 1784 brachte die erwünschte Wirkung. Die darauf landesweit durchgeführten Landaufteilungen und Vermessungen waren dann kurz nach 1800 abgeschlossen. Ab jetzt konnte jeder Bauer sein erworbenes Grundeigentum durch

Der „Urknick", ein Flechtzaun aus abgeknickten Jungbäumen

entsprechende Erdbucheintragungen belegen. Allerdings musste jeder Hufner (Hofbesitzer) die ihm übereigneten Flächen durch „Wälle mit lebendem Pattwerk" (Sträucher und Bäume), Gräben oder andere Einzäunungen sicher begrenzen.

Vor dieser Verkoppelung hatte man die Großfelder oder am Hof gelegene Kohl- und Hausgärten durch Dornenhecken abgesichert. Nach Erreichen einer Wuchshöhe von ca. 3 Metern

kerbte man die Dornen 1,5 Meter über dem Erdboden mit leichten Beilschlägen ein, knickte sie um (daher auch der Name Knick) und flocht dann die oberen Enden mit den unteren Stümpfen zum schützenden Dornenflechtzaun zusammen. Diese Hecken boten sogar ausreichende Sicherheit gegen die damals in Schleswig-Holsteins Wäldern noch vorkommenden Wölfe. Die nach der Verkoppelung zu erstellenden Knicks (lebende Wallhecken) mussten nach amtlichen

Skizze zur Bauanleitung für die Errichtung von lebenden Wallhecken

Vorgaben, mit eingeräumten Variationsmöglichkeiten, aufgesetzt werden. Knicks konnten je nach Bodenbeschaffenheit einartig oder bunt geplant werden. Sowohl ein- als auch beidseitige Wallgräben waren zulässig. In den bunten Knicks finden wir Eichen, Buchen, Eschen, Dornen, Hasel, Schlehen, Holunder sowie fast alle Beerenarten. Bei den hofspezifischen Feldnutzungen dieser neuerrichteten Betriebe war es später durchaus möglich, dass die Viehgräsung des einen Bauern neben dem Kohl- oder Getreidefeld des anderen Bauern eingeplant war. Um eventuellen späteren Grenzstreitigkeiten mit nachfolgenden Regressforderungen vorzubeugen waren Kontrollen während der Errichtung der Einfriedigungen unbedingt notwendig. Man sagte damals:

Wer Veeh höllt, de mutt sien Veeh ok wahren (aufpassen, hüten).

Einige beim Stockschlag (Abholzen) verschonte größere Bäume (Überstände) im Knickverlauf boten horstbauenden Vögeln wie Bussar-

17

Igelmutter mit Kindern am Fuße eines Knickwalls

den, Krähen und Elstern gute Brutmöglichkeiten. Rund 30 Vogel- und 20 Säugetierarten fanden neben großer Insektenvielfalt ihren Lebensraum in diesem in sich abgeschlossenen Biotop. Die Vögel ernährten sich von Beeren, Knospen und Insekten. Kaninchen, Marder und Füchse richteten ihre Höhlen im Wall ein und auch der Igel fand hier Schutz und Nahrung.

Jeweils nach ca. 10 Jahren musste der Knick auf den Stock gesetzt werden. Diese Pflegemaßnahme durfte allerdings nicht zwischen dem 15. März und dem 15. September eines Jahres durchgeführt werden, damit die Vögel nicht bei der Brut gestört wurden. Aus arbeitswirtschaftlichen und biologischen Gründen verlegten die Bauern das Knicken (Abholzen) sowieso gerne in die Winterzeit. Beim Knicken wurden aus dem Wall herauswachsende dünne Triebe mit dem Buschreißer (Hakenmesser) abgetrennt. Armdicke Zweige schlug man kurz nach ihrem Wallaustritt mit dem Beil ab und noch dickeren Stämmen rückte man damals mit Äxten oder Bügelsägen zu Leibe. Wie bereits erwähnt, einige Überständer blieben für die Horstbrüter unbehelligt. Nach der bald erfolgenden Buschabfuhr wurde manchmal ein Ausheben der Wallgräben und das Wallaufsetzen (Wallen) nötig. Dabei mussten die abgerutschten Dammflanken derart aufgesetzt werden, dass oben auf dem Wall eine Mittelrinne als Wasserfang entstand, um das Wiedernachwachsen des Knicks zu verbessern. Grabenkratzen und Wallaufsetzen waren Beschäftigungen außerhalb der Saisonarbeitszeiten.

Wird uns diese Knicklandschaft für die Zukunft erhalten bleiben? Von den 75.000 Kilometern Knicks in Schleswig-Holstein um 1950 existierten um 1980 nur noch knapp 45.000 Kilometer. 30.000 Kilometer dieses einmaligen Biotops waren also in nur 30 Jahren illegalen Rodungen, meistens arbeitswirtschaftlich begründet, zum Opfer gefallen.

Bodenerosionserscheinungen und andere Nachteile waren augenscheinlich. Obwohl unsere Wallhecken unter gesetzlichem Schutz stehen, ist anzunehmen, dass wegen des Einsatzes immer größerer Landmaschineneinheiten und ebenfalls durch Flurbereinigungsmaßnahmen dieses für Schleswig-Holstein so typische Biotop noch weiter schrumpfen wird.

Beladen eines Kastenwagens mit Knickholz

Mit den Witten un Swatten op Sünndagstour ünnerwegens

Wat weer di dat för'n Weeswark un Doon in dat lütt Dörp mang Rendsborg un Eckernföer. Wull doch wahrhaftig de Kaiserbroder Prinz Heinrich to'n Kaffeedrinken in den Dörpskroog an de Landstraat inkieken. So harr dat jedenfalls den rutputzten Kerl, wat je wohl son kaiserlichen Adjudant weer, vör'n Wekenstiet den Kröger weten laten. Düssen glatten Kerl harr man wenig Tiet hat, weer mit 'n Wuppdi von sien Karjool rünnersprungen un harr in den Kroog militärisch kort Bescheed geven, dat Prinz Heinrich sick an tokamen Sünndag Klock dree op sien Tour na Eckernföer hier bi 'n Tass Kaffee un 'n Stück Koken verpussen wull. Sowat weer noch nich dorwest, 'n kaiserlichen Besöök in den lütten Dörpskroog, dorüm müss ok richtig wat op de Been stellt warrn. Dat erste weer, den Buervagd Bescheed to geven, dat de sick noch 'n paar schöne Wöer torechtleggen kunn, un denn kreeg ok de Schoolmeister Order, för düssen Freudendag mit sien Gören lüttje Riemels un en Kaiserleed intostuderen. Ja, dat müss ween för't Kaiserhuus.

Vör goot fief Jahren harr Kaiser Willem sien gro-

De kaiserliche Besöök

Steed. De Steenbrüchen weer'n schiermaakt un de Vörgaarns in Muster harkt. De Fruunslüüd stünnen in witte Schörten mit Lüttkinner op'n Arm an de Staketten. De Schoolmeister harr mit sien Gören liek gegenöver von den Kroog Position betrocken un de Kröger stünn mit sien ganze Bagage blang den Buervagd vör de Kroogdöör. De kaiserliche Besöök kunn anrollen.

Miteens keem Bewegen in de Dörpslüüd, wiel twee Jungs ut de Grootklass, de to'n Bescheedwiesen an de letzte Krell von de Dörpsstraat posteert weern, as wild mit de Arms in de Luft rümslogen, se weern nämlich de Staatskaross al wiesworrn. Bald keem ok en Vis-a-Vis mit 'n Witten un Swatten vör in Sicht. De letzten tein Meter vör'n Kroog wessel de Kutscher von lichten Draff in Schritt över. Op en Nicken von den Buervagd hin reet nu de Schoolmeister sien Knüppel in de Höchte un de Kinner brüllen luut: „Der Kaiser ist ein guter Mann." Bidess weer de Kutscher von Bock dal un hölp en Fruu un 'n Reeg Gören ut de Kalesch rut. De Kutscher weer, un vele kennen em, den Rendsborger Kröger *Heinrich Prinz* von dat „Hotel zum Prinzen" un de annern sien „Gefolge". He weer sünndags gern mal mit de Kutsch op Kaffeetour över de Dörper ünnerwegens un künnig dat, üm seker to gahn, dat apen weer, ok vörher an. Dat he an düssen Dag mit son „Bahnhoff" begrööt worr, dat harr he wiss sien Bescheedsegger, düssen verdreihten Hannelsmann ut Eckernföer, to verdanken.

Naher weer de Kroog brekenvoll, denn man wull den goden Kaffee un Koken vertehren. De Buervagd, Kröger un Schoolmeister avers kregen, wo schullt ok anners ween, an düssen denkwürdigen Dag noch'n himmelhogen Haarbüdel.

ten Kanal mit veel Dschingderassabum inwieht. Ok Prinz Heinrich weer vörher mennigmal to'n Inspezeren mitkamen un reis denn bi son Anlass gern mal na dat kaiserliche Goot Hemmelmark röver. För de Dörpslüüd weer kloor, dat en Kaiserlichen, de in Rendsborg to doon harr un denn op de rummelige Landstraat Richtung Eckernföer wull, op halve Tour sien Puuspaus hebben müss, un dorbi schull de Prinz ehrt warrn, as sick dat so höörst.

Endlich weer't sowiet, dat weer Sünndag un de Klock güng op dree to. Allns weer parat un to

Rammerknechte rammen Faschinenpfähle ein

gelegten Bohlen verschiebbaren Rammgerüste hatten oben in ihrer Kegelspitze eine Umkehrrolle, das Rammergatt. Die Knechte standen auf der unteren Plattform und zogen an den aufgespleißten Seilenden den Rammbock über die Rolle an der Schiene hoch. Nach Loslassen der Leinen sauste der Bock nach unten auf den Pfahlkopf. Der Name Rammbock geht übrigens auf den waagerecht getragenen Rammbalken, welcher vorn symbolisch als Widderkopf geschnitzt war und im Mittelalter zum Aufbrechen von Burgtoren diente, zurück. Dieser gewichtige Bock konnte nur durch die Muskelkraft aller Knechte hochgehievt werden.

Überall dort, wo früher Pfählungen gesetzt werden mussten, sei es beim Lahnungsbau zur Neulandgewinnung aus dem Meer oder bei Uferbefestigungen an Flüssen und Seen, verrichteten die kräftigen Rammerknechte ihre schwere Arbeit. Je nach Beschaffenheit des Bodens, der Länge und Stärke der Pfähle sowie deren Einschlagtiefe brachten die Knechte unterschiedliche Gerätschaften zum Einsatz. Beim Bau der Lahnungen hoben jeweils drei Rammer im Gleichtakt einen dreiarmigen Hubbock weit über Kopfhöhe an und ließen ihn dann wieder auf den Pfahlkopf niederfallen. Zum Einrammen längerer Pfähle setzte man die ca. 8 Meter hohen Zugrammen ein. Die auf aus-

Ein meistens auf der oberen Plattform stehender stimmgewaltiger Vorarbeiter dirigierte seine Rammerknechte mit rhythmischen Sprechgesängen beim Ziehen und Loslassen. Die taktstützenden Zeilen ergänzte er gekonnt durch aus dem Stegreif gereimte Verse. Deren Inhalte bezogen sich auf Passanten, neugierige Zaungäste, junge Mädchen und, sollte der Bauherr einmal zum Kontrollieren kommen, auch auf jenen. Mit diesen Versen wurde zum Spendieren aufgefordert, jedoch ebenfalls der säumige Knecht zur besseren Mitarbeit angemahnt. Hier folgen nun einige Kostproben aus dem Reigen der Rammerlieder, nach deren Versende jeweils eine kurze Arbeitspause erfolgte:

Rammerlieder

Hoch op den Bock, den Pahl op'n Kopp,
je höger as he geiht, je beter as he sleit.
Hoch op den Bock, den Pahl op'n Kopp,
mit allemann, Buer is keen Eddelmann,
schall ok kener warden, hier op Gottes Erden.
Buer schall he blieven, sick de Tiet verdrieven,
bit an den jüngsten Dag,
geev em 'n düchtigen Slag.
Hoch un jümmers höger,
mit 'n Buddel na'n Kröger,
hoch op un an mit alle Mann!
Un de nich tücht,
de kriggt 'n Streek över 'n Rüüch.
Hoch un dal, gehörig op de dore Pahl,
all, wat 'n kann, mit ju acht Mann,
hau den Hund, hau em in de Grund.
Nu noch eenmal op de dore Pahl,
hoch op un sett dal.

Hoch un ramm von baben dal,
denn sackt de Pahl,
ramm doran mit jede Mann, de rammen kann,
un de nich kann, de sett sick dal
un ruht sick ut bit nächste Mal.
Hoch un frisch doran,
ick heff 'n Broder, de heet Jehann,
de steiht un süht dat Rammen an,
un denk bi sick, dor bliev ick van.
Dien Swiegermudder mit ehr scheve Snuut
is söven Jahr in Himmel west, nu wüll se rut.
Wat wüll de ole Sludertasch,
se het hier nix verlor'n,
hoch op, hau mit den Rammbär to,

Bau einer Stützpalisadenwand mit der Zugramme

Wasserbauarbeiten mit Tauchereinsatz

denn warrt se sick wohl wahren.
Hoch op, hoch in den Wind,
de lüttje Deern, de kriggt en Kind,
un de Oolsch blangto furts twee,
sieh an, denn hebbt se dree.
An den jüngsten Dag,
dor kriggt de Pahl en Slag.
Hoch op un beter dal,
denn treckt de Pahl, denn steiht de Pahl.

   Hoch op den Bock, de smucke Popp,
je höger as dat geiht, je beter as dat sleit.
Nu geev't em't recht, den scheven Knecht.
Ick seh dor een, de nich goot tüüch,
de schriev ick glieks mit Kriet op'n Rüüch,
un wüll he sick nich schamen,
denn roop ick em bi Namen.
Wi hebbt 'n nien Rammer kregen,
haa, hiss em op!
He schall 'n halve Buddel utgeven,
haa, hiss em op.
Uns' Gott verlett son Rammer nich,
dat deit he gottsverdammich nich.
Heißa lustig, wi sünd döstig,
noch wat höger, mit'n Buddel na'n Kröger,
denn drinkt wi Beer un Branntwien mehr,
denn warrt wi fett, hoch op un sett.

   Hoch den Bock, uns' smucke Popp.
De Deern dor mit ehr witte Platen (Schürze)
het güstern Abend sick küssen laten.
Hoch op bit an dat Rammergatt,
wi sweet un hebbt keen Drüppen Natt.
Hoch op, dor geiht uns' Herrn spazeer'n,
de kann uns hüüt mal wat spendeer'n.
Uns Herr kann glieks betahlen,
de Jungs künnt wat to Drinken halen.
Hoch un jümmers höger,
mit 'n Buddel na 'n Kröger.
Hoch op den Bock, den Pahl op 'n Kopp,
hoch in de Dann, keen Beer in de Kann,
keen Bodder in't Schapp,
wat 'n trurig Leven is dat.
Hoch an't Rammergatt,
de Tokiekers schitt de Hund wat.

Sollten Duckdalben (abgeleitet vom Namen des Herzogs von Alba, Duc d'Albe, einem Festungsbauer) im tieferen Wasser eingerammt werden, dann kamen Schwimmdampframmen zum Einsatz. Bei dieser Ramme befand sich das Rammergatt (Umlenkrolle) ca. 20 Meter über der Wasseroberfläche. Eine Dampfmaschine zog über eine Seilwinde den Rammbär (Hammer) bis zum Gatt hoch. Nach dem Auskuppeln sauste der Bär dann an der Führungsschiene auf den Pfahlkopf nieder. Durch Schrägstellen dieser Schiene konnten die Pfähle einander zugeneigt eingerammt und so zu Pfahlgruppen (Dalben) zusammengestellt werden. Eine unbedingt nötige zusätzliche Stabilisierung erhielten die Dalben noch durch Stahlbolzenverbindungen und umgelegte Stahlbänder. Diese Duckdalben standen als Festmacher und Bollwerke in den Kanalweichen, bei Anlegebrücken, in Hafenanlagen und vor Schleusen.

Pontondampframme zum Bau von Duckdalben

Mit Boot bi oplopen Water to Stadt an

Bit kort vör 1900, as de Nordoostseekanal noch nich buut weer, stünn in de Rendsborger Grabens un Eiderarms dat Brackwater noch goot twee Meter höger as hüüttodaags, dorüm kunnen ok noch mennig Waren op düsse Waterstraten beweegt warrn. Wiel domals de Eider na de Nordsee hin apen weer, spelen de Tiden (Ebb un Floot) noch bit na Rendsborg rin en Roll. Wullen Lüüd ut de Ünnereiderdörper Nübbel un Hörsten dotiets na Rendsborg hin, denn setten se sick in't Boot un leten sick mit

Hölp von't oplopen Water (Floot) hindrägen, se bruken denn ok nich ganz so veel mittorudern. Ehre Tiet för't Inköpen un anner Saken in de Stadt weer avers mennigmal recht beknepen, denn se müssen vör't Drööglopen von de Eider wedder to Huus ween. In de Stadt maken se toerst vör de Sahr'sche Möhl fast un levern dor ehr Brootkorn af. Se kemen ok furts an de Reeg, wiel de Müller wüss, dat düsse Kundschop vör Dröögebb wedder to Huus ween müss. Weer dat Korn dörchmahlt, denn leet de Müller de Mehl-

... ans löppt mi dat Water weg

säck furts in dat Boot dalrutschen un sien Landkundschop kunn wiederrudern un noch annere Saken erledigen. So güng dat ok en Fruu ut Hörsten. Se ruder von de Möhl na de Schippsbrüch in de Ooltstadt röver, maak liek vör de Niestraat fast, jüst dor, wo den Kattuunrieter (Textilienhändler) Christian Mohr sien Laden harr. Nu dat Water recht so wiet dal weer, keem se meist mit de Tiet in de Kniep. Se wull avers noch 'n Stoßband (Verschleißkante unten am Rock) köpen un renn stracks in den Laden rin. Al von de Döör ut reep se na den Verkoopstresen röver:

„Mi toerst, Krischan Mohr, ick bruuk blots noch 'n Stoß för'n Rock, avers gau, ans löppt mi dat Water weg!"

Se worr denn ok vörrangig bedeent, dormit se naher mit ehr Boot nich op 'n Drögen to sitten keem.

Dat sick düt lütt Vertellen nu al över hunnert Jahrn lebennig holen het un wohl as Dokument antosehen is, mag sachs doran liggen, dat mit 'n beten Phantasie düsse Wöer von de Hörstener Fruu ok recht wat pikanter utleggt warrn künnt.

Chr. Mohr sien Kattunrieterladen an de ole Schippsbrüch

Beim Porrenpuhlen (Krabbenpuhlen) am Deichfuß

Rezept
Porren-schmaus

Zutaten:

1 kg Frühkartoffeln
1 Bd. Lauchzwiebeln
200 g Gouda
100 g Sahne
1 Becher Crème fraîche
2 Knoblauchzehen
2 Eier
1 Esslöffel Schnittlauch
1 Esslöffel Petersilie
   Salz, Pfeffer
150 g Krabbenfleisch

Zubereitung:

Frühkartoffeln waschen, halbieren, mit der Schnittfläche auf eine gebutterte Auflaufform legen, dann die Kartoffelhälften mit Öl bestreichen.
Bei 200° C ca. 30 Minuten im Ofen backen. Lauchzwiebeln und Knoblauchzehen klein schneiden und Gouda raspeln. Zwiebeln, Knoblauch, Käse, Schnittlauch, Petersilie und Eier mit Crème fraîche und Sahne verrühren, dabei mit Pfeffer und Salz würzen. Alles über die Kartoffeln geben und noch einmal ca. 20 Minuten bei 200° C backen. Krabben darüber geben und sofort servieren.

Guten Appetit!

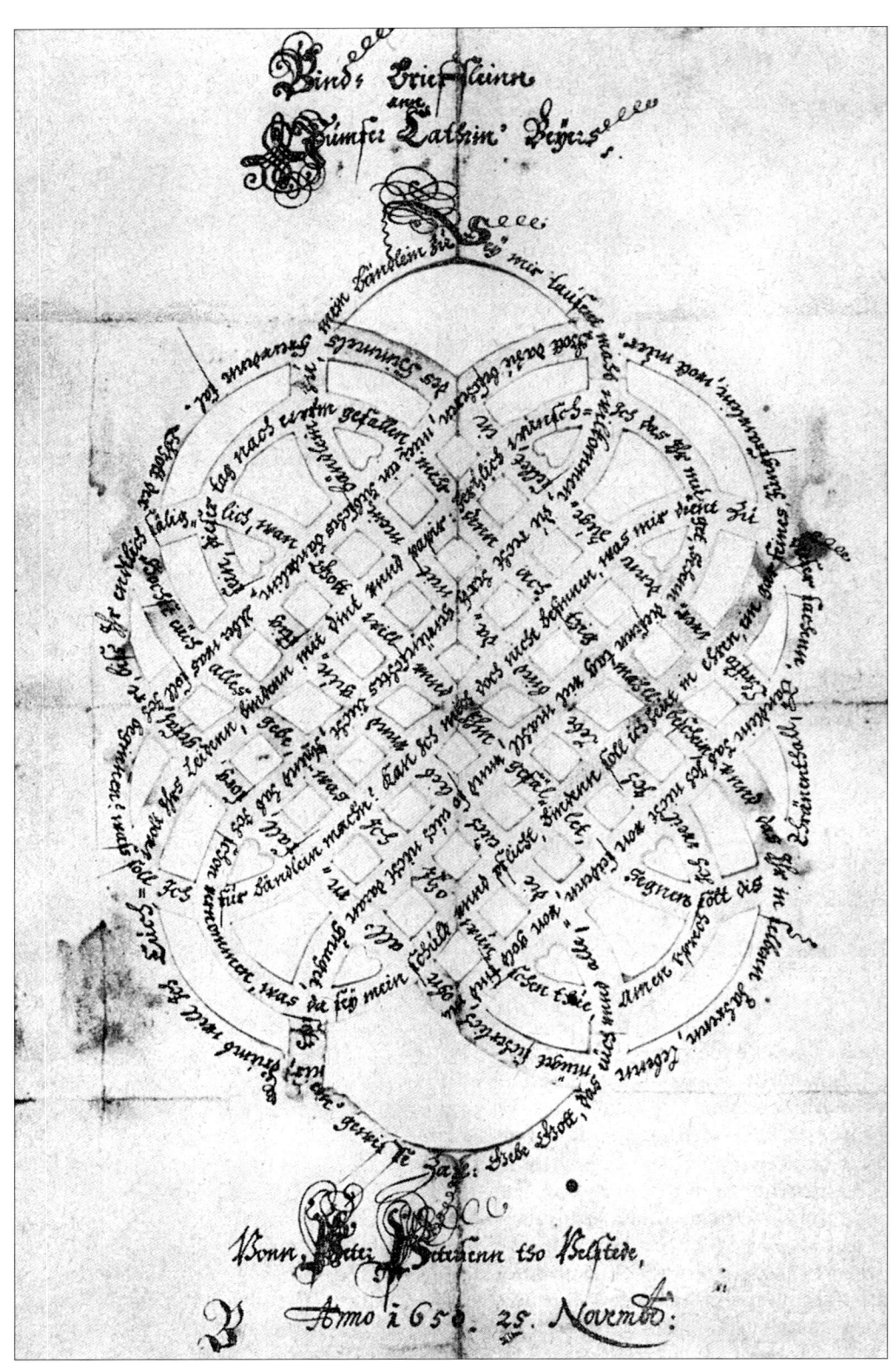

*Bindebrief des
Peter Petersen aus
Velstedt von 1650
(Nationalmus.
Kopenhagen)*

30

Bereits 1905 beschäftigte sich D. R. Christiansen aus Sonderburg mit der Geschichte der Bindebriefe und bedauerte, dass diese schöne Sitte des Briefeschreibens wohl bald verschwinden würde. Er schrieb:

Statt den Geburtstagsknaben durch einen Brief zu binden, wird ihm jetzt im Lokalblatt ein 9.999.999 maliges „Hoch" gebracht. Damit die durstigen Seelen, die das Hoch ausbrachten, doch ja für ihre Mühen belohnt wurden und ihren Durst gestillt bekamen, wurde hinzugefügt: O.h.s.w.w.m.l.? (Ob he sick wohl wat marken lett?), d. h. ob er daraufhin wohl einladen würde.

Was hatte es nun mit diesen Bindebriefen auf sich?

Mitte des 19. Jahrhunderts war es noch Sitte, dass Jugendlichen vor ihrem Geburtstag ein Glückwunschbrief zugespielt wurde, in dem neben dem Textblatt ein vielfach fest verknoteter Seidenfaden mit eingelegt worden war. Jungen Männern heftete man einen solchen Brief an den Jackenzipfel oder versteckte ihn in deren Mütze, bei den Mädchen deponierte man ihn im Kopftuch. Der aus Sonderburg stammende Christiansen konnte sich noch an ein ganz besonders ausgeklügeltes Versteck für einen Bindebrief aus seiner Schulzeit im 19. Jahrhundert erinnern. Im friesischen Deezbüll hatte damals ein Mitschüler eine große Mohrrübe sorgfältig ausgehöhlt und den Brief aufgerollt hineinversenkt, anschließend dann die Öffnung mit dem zuerst herausgeschnittenen Pfropfen wieder verschlossen. Mit der Frage: „Magst 'n Wuddel?" wurde dem ahnungslosen Mitschüler die präparierte Wurzel überreicht. Beim Verspeisen der Mohrrübe fiel dem Vorgeburtstagskind dann der Bindebrief in die Hände. Da der mit beigelegte verknotete Seidenfaden aber kaum aufgeknotet werden konnte, war eine Einladung fällig, um erlöst zu werden, d. h. es musste „Lösebier" gefeiert werden.

Die Geschichte der Bindebriefe

Hier folgt nun ein Beispiel eines damals aufgesetzten Bindebriefes:

Als ich heute Morgen erwachte
und über diesen Tag nachdachte,
da fiel mir der Gedanke ein,
es könnte wohl Martin sein Geburtstag sein.
Schnell nahm ich in aller Eile dies' Papier
und schrieb darauf dies' Verschen hier.
Ich lege einen Faden darein,
damit du sollst gebunden sein,
bis du dich lösest hübsch und fein,
mit Kaffee, Kuchen und Branntewein.
Und sollt' es dir dann nicht behagen,
uns zum Geburtstag einzuladen,
so bleibst du gebunden auf jeden Fall,
so fest wie die Kuh auf ihrem Stall.

Ein anderer Bindebrief aus Westerholm, adressiert an Magdalena Dorothea Iversen, datiert auf den 4. Februar 1833 und unterschrieben von den drei Geschwistern Henningsen hat folgenden Wortlaut:

Liebe Freundin!
Gestern Abend gedachte ich in meinem Sinn,
als ich zu Bett tat gehen hin,
dass sich bald naht heran der Tag,
dass ich dich, Dorothea binden mag.
Drauf nahm ich den Kalender und sah,
das heute der fünfte Februar war,
und folglich wirst du selber sehn,
dass der sechste Tag Dorothea heißt,
dieser Tag sei hoch gepreist.

Hier wirst du auch sicher finden
einen Faden, dich zu binden,
der wie Liebe rötlich ist,
sieh, wie du gebunden bist.
Nun ist es meines Herzens Wunsch,

dass du suchst durch Kaffee und Punsch,
deine Freiheit zu erlangen,
sonst sagen wir: Du bist gefangen!
Lös' dich bald von dieser Last.
Ungebeten kommen wir nicht,

Da auch hier die „Bindung" wohl kaum gelöst werden konnte, war eine Einladung fällig.

Ernst Schlee (Schloss Gottorf) hat in seinen Untersuchungen bezüglich der Bindebriefe u. a. festgestellt, dass diese bereits gegen Ende des 16. Jahrhunderts in Schleswig-Holstein in Umlauf waren und wahrscheinlich eine Verbreitung in Richtung Norden erfuhren. Allerdings wurden solche „Minnebekundungen" zuerst ausschließlich in den sozial höheren Kreisen gehandhabt.

1613 versandte z. B. Dänenkönig Christian der Vierte einen Bindebrief, und um 1650 verfertigte dann ein Peter Petersen aus Velstede (möglicherweise ein Großbauer) seinen Bindebrief an die „Jumfer" Catrin Beyers (s. Abb.). Er nutzte die Knotenform mit ihrer Bindekraft in seinem Brief, indem er den Text auf ein knotenförmig verschlungenes Schriftband schrieb. Hier konnte, bedingt durch die Symbolik, auf das Beilegen des Fadenknotens verzichtet werden. Am Textende solcher Briefe hieß es:

Ich binde dich nicht mit Seil und Bast,
sondern mit diesem Brieflein fast.

Durch Scherenschnittarbeiten und Aquarellieren konnten die kleinen Kunstwerke noch verfeinert werden. Anfänglich nutzten nur die wenigen Schreibkundigen die Möglichkeit des Bindens. Später, nach Einrichtung der Kirchspiel- und Distriktschulen, fand diese Sitte weitere Verbreitung. Nicht besonders Schreibgewandte konnten auf vorgefertigte und unterschriftsreife Schablonen zurückgreifen, so dass auch sie sich selbst zur Geburtstagsfeier einladen konnten.

darum ist es deine Pflicht,
dass du lässest uns zur Kunde,
wann und wo, zu welcher Stunde.
Wir trinken all von Herzen gern,
die Henningsens vom Dorfe Quern.

◁ *Lösebier: bis du dich lösest hübsch und fein,*
mit Kaffee, Kuchen und Branntewein

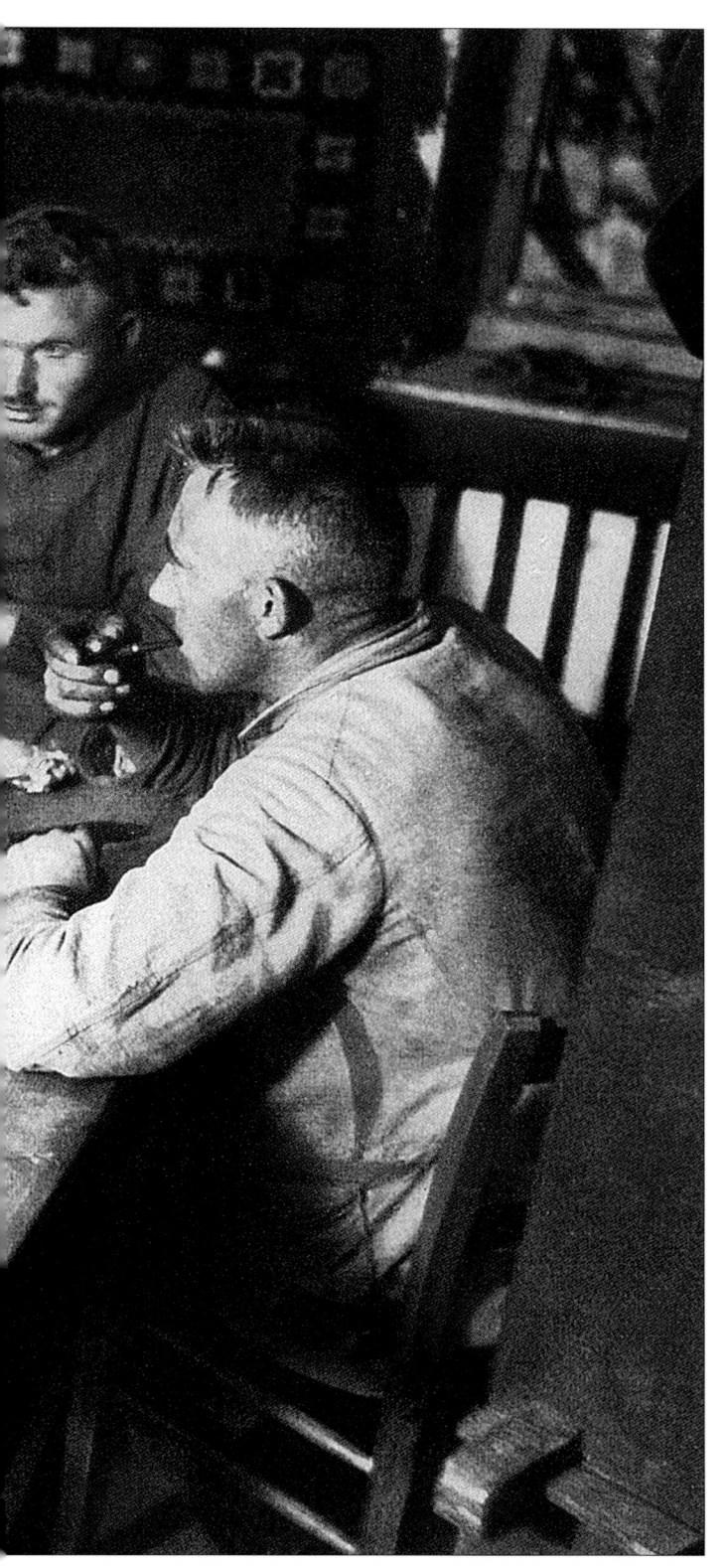

Wüpp, lütt Naversch, wüpp, wüpp, wüpp

Früher nahm das Essen auf dem Lande eine hervorgehobene Stellung ein. Man suchte und fand viele Gelegenheiten, um möglichst gut zu speisen, fröhlich zu singen und dabei ausgelassen tanzen zu können. Die Regierenden verdross solche aufwendige Lebensart der Dorfbewohner sehr, hätten sie doch zu gern selber das Geld dafür im Staatssäckel gehabt. Sie erließen deshalb Gesetze, welche u. a. die Gästezahl bei Hochzeiten und die Trinkgelage beim Keesfood einschränken sollten. Da jedoch die meisten Feste auf jahrhundertealte Traditionen zurückgingen, ließen sich diese einschränkenden Bestimmungen nur ansatzweise durchsetzen. Die Dorfbewohner amüsierten sich wie gewohnt ausgelassen bei „Fiedel un Swutsch".

In den dörflichen Haushalten wurden die Tischsitten damals recht locker gehandhabt. Man aß vielerlei Löffelgerichte gemeinsam aus mitten auf dem Tisch platzierten Schüsseln und Grapen. Dabei hielt sich der Hofhund während der Mahlzeiten vorwiegend im Sitzbereich der Kinder auf, weil dort erfahrungsgemäß die meisten Speisen über Bord gingen. Nach Sättigung leckte jeder seinen Löffel sauber aus, wischte ihn u.U. noch am Hosenbein trocken und deponierte ihn beim Verlassen des Siddels (Sitzecke in der Lucht) im Löffelbord. In den großbürgerlichen Stadthaushalten lernten die Kleinen dage-

◁ *Hein Drüppelnääs böög sick jümmers wiet över*

35

Buten smeck dat alltiets beter

gen schon recht früh mit Messer und Gabel zu speisen. Zur Einübung einer korrekten Armhaltung beim Essen wurden ihnen manchmal dünne Bücher unter die Achseln geklemmt und nach Sättigung hatte jeder seinen Mund mit einer Stoffserviette abzutupfen. Ein mit Sicherheit stark überzeichneter Bericht aus den zwan-

ziger Jahren mag die recht unterschiedlichen Benimmregeln zwischen den ländlichen Gebieten und der Großstadt veranschaulichen:
Einst verlobte sich ein eleganter Hamburger Offizier mit einer schmucken Angeliter Bauerndeern. Beim Nachverlobungsempfang in einem noblen Hamburger Restaurant fragte der um-

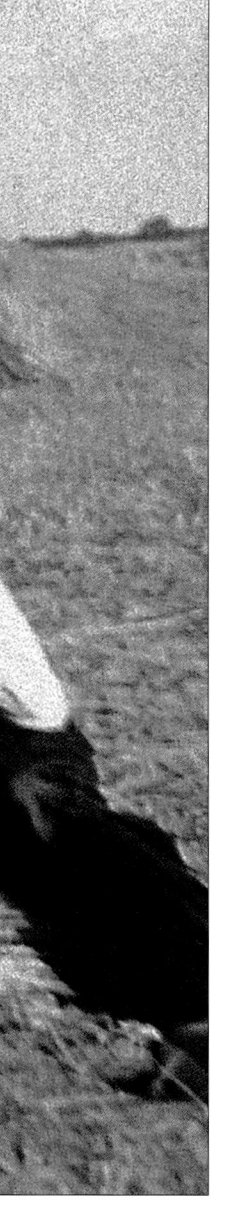

sorgende Bräutigam seine Liebste nach ihrem Getränkewunsch. Das frische Bauernmädchen antwortete darauf im Kreise der steifen Hanseaten: „Bruus, mien Hans, dor kann man so schön rappen op na (aufstoßen)."
Daraufhin soll die Hamburger Familie ihrem Sohn geraten haben, sich von seiner Braut zu trennen.

Auf kleinen Geestbetrieben aß man vereinzelt noch nach dem Zweiten Weltkrieg gemeinsam aus einer Schüssel. Schauen wir doch einmal in eine solche Tischrunde hinein:

Im Siddels einer kleinen Moorkate stand zum Abendessen eine große Pfanne mit Bratkartoffeln auf dem wuchtigen rohen Tisch. Jeder in dieser Tischrunde hatte beim Eintreten ins Siddels gleich seinen Löffel aus dem Schlaufenbord genommen und nun warteten alle auf das „Amen" nach dem vom Hausherrn gesprochenen Tischgebet. Danach langten sie kräftig zu. Auch der alte Tagelöhner Hein Drüppelnääs saß mit in der Runde. Er beugte sich weit nach vorne über den Pfannenrand, um gezielter die schmackhaften Zwiebelringe und krossen Speckwürfel herausfischen zu können. Die anderen beobachteten dabei einschätzend den namensgebenden Drüppel (Tropfen) an Hein's Nase. Als die Hausfrau ihren Mann jedoch ermunterte, noch ein paar schöne krosse Kartoffeln und Speckwürfel zu essen, da soll der mit Blick auf den sich überbeugenden Hein nur geäußert haben: „Dat hängt ganz dorvon af, as dat jüst so fallen deit."

Bei großen Visiten, Kösten und Hochzeiten auf dem Lande wandten die Frauen damals ein recht wirksames Mittel an, um möglichst große Mengen der delikaten Speisen verzehren zu können. Während der Essenspausen forderte ein Mädchen in der Tischrunde ihre Banknachbarin auf, doch das Wüpplied mit ihr anzustimmen. Dieses recht schlichte Liedchen hatte folgenden Text:

Heff <u>Naversch</u> lang nich <u>wüppen</u> sehn,
<u>wüpp</u>, lüüt Naversch, <u>wüpp, wüpp, wüpp</u>.

Dabei erhoben sich die beiden viermal zum Takt des Liedes und setzten sich jeweils recht forsch wieder nieder. Anschließend sang die Tischnachbarin einen aus dem Stegreif gereimten Text zur gleichen Melodie und führte auch die gleiche Wüppzeremonie mit der ihr nächstsitzenden Tischnachbarin durch. Alle bislang Aufgeforderten sangen und wüppten weiterhin schwungvoll mit. Nachdem auf diese Weise in den oberen Verdauungsgängen wieder für Platz gesorgt worden war, konnte die Speisenfolge fortgesetzt werden. Die auf der anderen Dielenseite sitzenden, meist trinkfesten Männer sangen von Zeit zu Zeit das Trinklied:

Mien Vadder het 'n oles Perd,
dat weer ne ole Stuut,
dat ene Oog, dat döcht nix mehr,
dat anner weer rein ut.

Nach den Worten „*rein ut*" musste *rein* ausgetrunken werden.

Zum Schluss dieser Betrachtungen rund um die damaligen Tischsitten soll hier noch an eine alte holsteinische Redensart erinnert werden:

För wenig Eten bün ick nich,
avers drinken doo ick gern,
Dorhingegen mutt ick jümmers mien gehörige Ruh hebben.

De Stekers kruup sick gern in 't Stroh weg

Hein weer Kröger un Swienmaster in eens un wahn in en lütt Dörp op'n Weg von Rendsborg na Eckernföer. De Lüüd sään, dat bi em de herrschaftlichsten un fidelsten Swien in' Stall legen, denn jümmers na grote Festen kemen all de överbleven Etenresten, 'n Barg Schaalbeer un mennig Branntwienpolen (Polaken, Snaps) mit in den Trog rin. Keek man na son Daag över de Kabenkant, denn legen de Swien besapen in't Stroh un keken glasig ut de Ogen. Wieldat Hein as Kröger man knapp Slaap kreeg un över Nacht nich ok noch bi de Farkensögen opsitten wull,

haal he sick sien „Nuckers" (Ferkel) jümmers von Rendsborger Farkenmarkt. Nu weer't mal wedder so wiet, dat he op Farkentour müss, denn verleden Week harr Hannes Oss, de Veehhändler, en grotes Temp Fettswien afhaalt. De Stall weer lerrig un ok al wedder schiermaakt. As Hein an en Harvstdag, dat weer noch vör'n Ersten Weltkrieg, fröh an Morgen sien Tööt (Stute) vör den Melkwaag spann un to Farkenmarkt na Rendsborg fahrs, dor reep em sien Meta noch achteran: *„Un denn nich so laat, Hein, du weest jo!"* So nehm düsse lütte

38

Un denn nich so laat, Hein!

Geschicht denn ehren Anfang: Hein keem bald op 'n Markt in Rendsborg an, bunn sien Perd fast un güng erstmal üm den Platz rüm, üm sick dat Angebot to bekieken. Denn worr hannelt, mit 'n Stock op de Stekers un Kröpels in't Temp hinwiest, üm den Pries to drücken. To Proov worr ok al mal den Handslag öövt. De Farkenholers un Händlers harrn ehre Nuckers bannig deep in dröges un hoges Stroh rinsett, dat son lütte Mickerige sick dor goot in versteken kunnen. Hein dreep ole Bekannte, heel hier un dor 'n Klöönsnack, vertehr noch 'n Knackwust un kreeg af un an ok al 'n lütten an de Mund. To'n Hanneln müss eenfach Tiet mitbröcht warrn.

De dicke bramsige Stadtgendarm harr as wichtigste Marktinstanz morgens den Markt friegeven un dreev nu, dat güng al so langsam gegen Meddag, de Hannelslüüd un Köpers to Iel an, denn he wull pünktlich Klock een den Markt slüten un an sien Meddagdisch sitten. Mit sien quesige un wellerige Aart kreeg he sick durigweg mit de Beschickers un anner Marktlüüd in de Wull. As Hein na Klock een noch wat nölig mit sien Farken rümpütscher, kreeg he ok sien Utschellen mit af. He worr giftig un snuddel sick wat as: *„Tööv man, du Wellerkopp, di krieg ick noch"*, in Baart, sett sick op sien Wagen un fahrs af in Richtung Schlossplatz. As he dor ankeem, geev he sien Spannwark in en Peerpenschoon af un güng straks na de Hoogstraat röver un in den Kattuunrieter Hugo Sievers sien Laden rin. Dor leet he sick furts von dree lüttje Deerns beraden, he wull nämlich en lange Ünnerbüx, de ok noch praktisch klöört (gefärbt) ween schull, för de kole Wintertiet köpen. As dat denn noch an't Topassen gahn schull, weern de Deerns al so luut an't Jarpen un Schraggeln, dat Hugo Sievers ton Kontroleren keem. He kenn Hein avers recht goot un de beiden snacken denn noch 'n paar Regen mit 'nanner. Naher betahl Hein de Ünnerbüx, leet se sick avers nich inpacken, denn he wull se över'n Arm drägen. He luer nu achter de Döör rut na dat Raathuus röver un seeg dor wiet achtern den Gendarm ranmarscheren. Gau hung he de Büx över de Butenutlagen un tööv denn so lang achter de Döör, bit de Wachtmeister op twintig Meter ran weer. Denn sprung he gau rut, reet de Ünnerbüx von Haken un suus af in Richtung Schlossplatz. De Gendarm harr dat Spillwark mitkregen un jachter mit hochroden Kopp achtern. Op'n Schlossplatz vör't Colosseum kreeg he Hein bi 'n Kanthaken un prahl: *„Ich arretiere Sie hiermit, Sie haben diese Unterhose von den Sievers'schen Auslagen gestohlen!"* – *„Dat is nich wahr, Herr Wachtmeister, de Büx heff ick betahlt"*, meen Hein dorto. De Gendarm heel em avers an Kragen fast un sleep em wedder in Richtung Hoochstraat. Hein wüss nu avers recht goot, wat den Udel von Suupjott weer un maak dorüm den Vörslag: *„Wenn de Herr Gendarm recht het, denn geev ick naher in't Colosseum satt Drinken ut, is de Büx avers al betahlt, denn mutt he mi frieholen, is dat 'n Wort?" „Afmaakt"*, sää de Gendarm un sleep sien Deef vör den Kattuunrieter sien Laden. Dor stünn Hugo Sievers al vör de Döör un reep: *„Mensch Hein, wat hest du denn utfreten?"* Hein prahl torüüch: *„Segg, Hugo, heff ick düsse Ünnerbüx betahlt?" „Avers wiss doch is de Büx betahlt, mien Hein, dat kann ick ok betügen."* De Gendarm weer as vör'n Kopp slaan un leet sien Arrestanten los. Hein smuster in sick rin un sää: *„Denn man ‚Prost', Herr Wachtmeister, laat uns man na't Colloseum rövergahn."*

As merrn in de Nacht dat Farkenspannwark endlich to Huus över de Steenbrüch rummeln dee, dor meen Meta trurig un liesen ut de Böverdöör rut: *„Avers ick heff doch seggt, Hein, nich so laat hüüt!"*

Abendlicher Herrenbesuch in der dörflichen Spinnstube

Nach Beendigung der Erntearbeiten im Herbst holten die Knechte die Spinnräder, Haspeln und Webstühle vom Boden herunter und brachten sie wieder in Ordnung. Nun begann die Zeit des „Ümgahns", des Umgehens mit dem Spinnrad, was bedeutete, dass die meist jungen und ledigen Mädchen sich jeweils auf einem Hof zum gemeinsamen Spinnen versammelten. In kleinen Dörfern bildeten ca. 12 Mädchen eine solche Gruppe, so dass beim Reihumgehen jeder Haushalt im Rhythmus von rund 14 Tagen eine Spinnstube zur Verfügung stellen musste. In größeren Orten fanden sich in jedem Ortsteil ähnlich große Gruppen zusammen. Man traf

sich nachmittags um 13.30 Uhr in diesen Räumen. Beim Eintreten wurde kurz mit:
„Goden Dag, nu kriggt ju 'n Spinndeern to",
gegrüßt und sich gleich zu den anderen in die Runde gesetzt. Gegen 15.00 Uhr gab es eine kurze Kaffeepause, d. h. man reichte zum Kornfrank etwas Zwieback oder „Dröögkoken". Bis 17.00 Uhr wurde noch weitergearbeitet, dann kehrten alle auf ihre Höfe zurück, um dort das Vieh zu versorgen und zu melken. Abends nach dem Essen fanden sich alle wieder im Spinnstübchen ein. Das Bauernpaar, welches gerade den Spinnraum zur Verfügung gestellt hatte, ging abends in die Nachbarschaft auf „Visite". Nach und nach gesellten sich die jungen Männer des Dorfes zu den spinnenden Mädchen, rauchten ihr Pfeifchen und trieben wohl auch ihre kleinen Späße.

Die Deerns sangen vorzugsweise nachmittags, wenn sie nur unter sich waren, die sehr schlichten Spinnstubenlieder während ihrer eintönigen Arbeit. Dieses Liedgut war durch reisende Moritatensänger oder Leierkastenmänner auf den Märkten verbreitet und von dort übernommen worden. Aber auch ausgediente Soldaten, die mit mäßigen Kenntnissen im Schreiben und Rechnen oft die Schulmeisterstellen in den Winterschulen innehatten, dürften ihren in der Militärzeit erworbenen Liederschatz an die Dorfjugend weitergegeben haben. Die Texte dieser Lieder waren durchweg profan, ging es doch vorrangig um Wehmut, unglückliche Liebe, Falschheit, Untreue, um Trennung und Trauer, um Schwermut bis zur Todessehnsucht hin. Zum Nachempfinden sind hier nun einige Anfangszeilen solcher Spinnstubenlieder aufgeführt:

Warum weinst du, holde Gärtnerin ...
Mariechen saß einsam am Strande ...
Es war einmal ein roter Husar ...
Es waren zwei Königskinder ...
Dat du mien Levsten büst ...

Spinnstubenlieder

Mütter und ältere Spinnfrauen sangen Lieder, in denen die jüngeren Spinnerinnen angesprochen waren, z. B.:
Spinn, mien Deern, spinn,
de Frier sitt dorin,
spinnst den Draht vonabend nich,
kriggst ok von den Braden nich.

Spinn, mien Dochter, spinn,
dien Frier sitt dorin,
spinnst du nich den fienen Draht,
geiht de Frier en anner Straat,
spinn, mien Dochter, spinn.

Hier soll nun an ein kleines Märchen, welches Spinnfrauen damals den Kindern erzählten, erinnert werden:
Dor weer mal en 'n beten wat toöllerten Buerjung ut Ostholsteensche, de wull nu endlich von sien Junggesellentiet Afschied nehmen. Von en Peerhändler kreeg he to weten, dat 'n paar Dörper wiederlang bi en överrut streevsame Wittfruu noch dree Deerns in't beste Frieöller to hebben weern. Dorbi schull een jümmers noch smücker ween as de annere. De Jung leet sick dörch den Peerhändler ankündigen, putz sick gefällig torecht, spann dat Raasperd vör de Karjool un maak sick op'n Weg. As he bi't Dreedeernshuus ankeem, kreeg em de Huusmudder bi de Hand un güng mit em na de Döns rin. Dor seten de dree smucken Deerns in een Reeg un weern düchtig an Flassspinnen. Se trocken fliedig Flass ut de Wocken (Flachsbündel auf dem Spinnrad) rut, pedden düchtig op dat Footbrett un spolen den blanken eentölligen Draht (Hanffaden) op de Spool. De Jungbuer lööv de Mudder bannig för ehr fliediges Huus, güng an de dree Deerns vörbi un leet meist as tofällig en lütten Ring in den Wocken von de Öll-

ste fallen. Na'n Stoot Snackeree entschüllig he sick, he kunn mit Schick nich länger blieven, he müss üm en Tööt (Stute), de kort op de Tiet (kurz vor'm Gebären) weer, gau wedder na Huus hin, wull avers annerndags wedderkamen. As to-seggt, stünn he an' tokamen Dag wedder in de Döns, kneep in den Wocken rüm, funn dorbi den lütten Ring wedder un steek em nu in den Wocken von de Mittelste rin. He entschüllig sick na'n Tass Kaffee, dat he al wedder na Huus torüüch müss, wieldat en annere Tööt stramm in de Tiet stünn, avers he worr wiss an' tokamen Dag wedderkamen. So weer dat ok, annerndags stünn he wedder in de Döns, güng vör de Deerns lang un funn ok in den tweten Wocken sien Ring wedder. Gau leet he em nu in den Wocken von de Jüngste rinfallen, sää, dat he an' tokamen Dag wedderkamen worr un sick denn sachs ent-scheden kunn. As he denn an' drütten Dag in de Döns rinkeem, leep em de truuschullige Jüngste glieks mit den Ring in de Mööt un meen: „Düssen Ring is di schients in mien Wocken rinfullen, ick wull em di weddergeven." De plietsche Buern-söhn weer dormit künnig worrn, dat düsse Deern anners as de twee Ölleren den Wocken wegspunnen harr un sää to ehr: „Düssen Ring steek ick di op, denn du büst ehrlich un fliedig west un schallst mien Fruu warrn." Wat later frien se un weern jümmers heel glücklich un tofreden un wenn se nich dootbleven sünd, dennso leevt se hüüt noch.

Getreu dem Spruch:

    Weven un Spinnen
      gifft Laad voll Linnen

erarbeiteten sich die ledigen Mädchen fleißig ihre Aussteuer. Auf kleinen Geest- und Moor-betrieben betrug der Wert der in den Aus-steuerkisten und Schränken aufbewahrten Web-

◁ *Beim Spinnen neben dem wärmenden Bilegger*

waren, Kleiderstoffe sowie Leinenzeug aller Art manchmal ein Zehntel des Gesamtbetriebs-vermögens. Voller Stolz zeigten die Bäuerinnen bei passender Gelegenheit, z. B. Visiten, diese Schätze.

Oft zierten mit Sprüchen bestickte Schmuck-bänder die Vorderkante der Zeugborde in den Schränken. Hier folgt nun ein schönes Beispiel einer solchen Bordbeschriftung:

    Die Wäsche liegt im Spinde,
    geordnet blank und fein,
    wie's mich gelehrt zu Hause
    mein liebes Mütterlein.

De Elsdörper Füerwehrmusik speelt to 'n Danzen op

Fröher worr besonners op'n Lann gern un utlaten fiert. Geev dat in't Dörp keen Kroog mit'n Danzsaal, denn fieren de Lüüd ehre Festen op de groten Dälen von de Buernhööf. To'n Danzen worrn na't Beköstigen denn Danzbräder utleggt un de Muskanten müssen sick op Truhen oder Dischen 'n beten wat höger setten, dormit se goot to hören un to sehen weern. Bi grote Festlichkeiten speel Vollmusik op, dat weern wiet över tein Muskanten, un bi lütte Geselligkeiten speel denn de Lüttmusik, dat weern so üm un bi dree oder veer Spelers, to'n Danzen op. Wer bi'n Dörpsball op de Bräder vör de Muskanten danzen wull, de müss vörher sien Danz bestellen un dorför ok sien Obolus in den Sammelteller vör de Musik rinsmieten. Arme Lüüd kunnen sick dat nich leisten un dreihen sick do-

rüm ok blots wiet achtern op den Stamplehm. De weer mit Kaff bestreut, dormit dat beter rutschen dee. Wiel dat dor recht so stuffen dee, hesten düsse Dänzer denn ok „Mulldänzer".

Bi Vollmusik weern Blickinstrumente un de grote Brummbass mit dorbi, as Lüttmusik spelen op:

De *Fellketelhauer* (Trommler),
he mit de Wuddel, Klanett (Klarinettist),
Hein Tuut (Tubaspieler),
de Schuuvtrompet, wahr di weg, mien Jung (Posaunist),
de Darmstrieker, Fiedelmann (Geiger) *un de Rietbüdeltrecker, Quetschkomodspeler* (Handharmonikaspieler).

Bi'n Daglöhnerhochtiet müssen mennigmal ok al de *Düvelsgeig* (Schlagschellenbaum mit unge-

44

stimmten Zupfsaiten) mit en Rietbüdel oder de *Vigelin* utrecken. Hier kunn jüst son olen drolligen Riemel över den Fiedelmann topaßkamen:

Goden Dag, goden Dag, Herr Fiedelmann,
ick bring hier'n Gruß von Mudder an,
du schullst man 'n beten to ehr kamen
mit dien ganzen Fiedelkraam.
Dörvst dien Hackbrett nich vergeten,
kriggst denn ok vollop to eten.
Jung, as he keem, dor heest dat gliek,
speel op, Muskant un maak Musik.
Dor schull'n ju dat Gefiedel sehn,
wat peddt de Kerl blots mit sien Been.
He trippel un trappel op de Eer herüm,
kunnst menen, he dreih dat Genick sick üm.
Un as dat denn to Abend keem,
un de Muskant sick fix en nehm,
dor güng em de Besinnung weg,
un mehrstiets fiedel he ünnern Steeg.

Danz un Musik

In de Dörper kemen Wannerdanzlehrers rüm, üm in Schoolklassen oder op Grootdälen de Schoolkinner un ok junge Lüüd en richtiges Benimm un de nötigen Treed bitobringen. Düsse Wannerdanzlehrers weern böös utstaffeert, se kemen nämlich in Lackschoh, Frack un Klapphoot an. Se spelen de Fiedel, peddten mit en lütte Glock an't Been den Takt dorto un verkloren ok noch blangenbi, woans de Gören sick dreihen schullen. Ick kann mi noch goot op en paar Sprüch von son Danzlehrer ut de Veertigern torüchbesinnen. De güngen na den Takt lang, lang, kurz, kurz, kurz, so:
Seit-, Seit-, Wechselschritt,
eh, du Dicker da,
komm doch schnell mal her,
batsch, hier hast du eins,

Un nu bi paarwies na den Danzplatz hin ▽

Ach leve Schooster du, besahl du doch ...

wat so veel heten schull, dat de lütte Dicke nich oppasst harr un dorüm een an de Backelei kreeg. De annere Spruch heest:
Ran an die Daams,
wieder weg von sie,
zusammen mit die Beine,
auseinander mit sie!
Na de Danzschool kunnen de Lütten jüst so veel, dat se sick nich mehr blots op de Fööt rumstünnen, dat richtige Danzen mit Linksrümdreihen un Överpedder kregen se avers erst mit de Jahren op de groten Festen mit. Wenn fröher op de Dälen son lütte Deern en groffen Kerl mal 'n Korv geev, denn revangeer de sick achteran op schändliche Aart. He bestell bi de Musik en bestimmte Melodie un gröhl dorto mit sien Mackers:
De Deern het uns den Danz verseggt,
dat laat, dat laat, dat laat,
nu laat dat Aas to'n Düvel gahn,

wi wüllt ehr nich mehr wedderhaaln,
dat laat, dat laat, dat laat.
Worrn 'n beten wat tutige Deerns överhaupt nich to'n Danzen haalt, denn heest dat ok al mal:
Se het de Bank warmseten,
se is ehrn Block (Tanzkarten) nich losworrn,
oder:
Danz doch mal mit Bankjehann, Stännerfritz,
Lurop oder Stahmann.
Wenn stiefbenige Kerls noch weniger taktfast as musikalisch weern, denn sään de Tokiekers:
Se hebbt em mit de Hack an de Dääl fastnagelt,
he danzt as 'n Luus op'n Teerquast, hüppt bi't
Danzen as 'n Pogg in Maandschien, un, wenn
he ok nich danzen kann, so steiht he tomindst de
Lüüd in Weg.
För ehr un em gull avers liekereens:
Scheve Been un volle Pansen,
lehrt mien Dag keen Hoppser danzen.

Man danz fröher:

Contratweetritt un Contradreetritt mit un ohne Överpedder un mit Windmöhl, denn noch: Kadrillje, Francaise, Contraachterüm, Lustig vör'n Disch, all de Walzers linksrüm, rechtsrüm, langsam un gau. Achterhalvtourig mit Naslag, Polkas, Rheinländers un de velen Volksdänze. Gern danzen fröher Volksdanzgruppen in Drachten un ok in Sünndagtüüg bin in de Dälen oder buten op'n Grashoff ehre Volksdänze un sungen dorbi övermötig un luuthals mit. Hier sünd nu 'n paar von de olen Dänze to'n Trüüchbesinnen:

*Wenn hier en Pott mit Bohnen steiht,
un dor en Pott mit Brie,
denn laat ick Brie un Bohnen stahn,
un danz mit di, Marie!*

*Lott is doot, Lott is doot,
Jule liggt in Graben,
wat deit se dor, wat deit se dor,
se speelt dor Polterabend.*

*Herr Schmitt, Herr Schmitt,
wat giffst dien Dochter mit?
Pott voll Arven, Pott voll Grütt,
dat gifft Herr Schmitt sien Dochter mit.*

*Herr Paster sien Lieschen, oha, wat 'n Deern,
twee Ogen, ick segg di, so hell as de Steern,
so blau as de Heven, so deep as de Sood,
un de dor mal rinkiekt, het seker sien Noot.*

*Mit de Fööt dor geiht dat, tripp, trapp, trapp,
mit de Hänn dor geiht dat, klapp, klapp, klapp.
Ick dreih di, du dreihst mi,
kehr di üm un danz mit mi.*

*Ick un mien Wief, wi künnt schön danzen,
se mit den Dudelsack, ick mit den Ranzen.
Se gung in de Stadt rin un ick bleev buten,
se kunn goot Geld verdeen, ick kunn goot supen.*

*Ick wüll mit Liesbeth in't Sommerfeld gahn,
wüllt hocken un binnen as anner Lüüd doon.
Anner Lüüd hock un bind dat Korn,
ick un mien Liesbeth sitt ünner den Doorn.*

*Gröön Kohl, gröön Kohl,
sünd dat nich schöne Planten?
Lüttje Deerns, lüttje Deerns,
de möögt doch so gern danzen.
De kruse Kohl, de kruse Kohl,
dat sünd de besten Planten,
de scheven Been, de scheven Been,
de künnt an besten danzen.
Kohl von Waag, Kohl von Waag,
Elisabeth schuuv na,
beten gau, beten gau,
wi wüllt noch na de Au.
Kiekbusch ick seh di,
dat du mi sühst, dat freut mi,
fideralala, fideralala ...*

*Erst de Hacken, denn de Töhn,
Mudder, wat geiht de Rheinländer schön ...*

*Gah von mi, gah von mi, ick mag di nich sehn,
komm to mi, komm to mi, ick bün so alleen ...*

Bi Fiedel un Swutsch danzen de Lüüd so lang, bit de Knaken möör un dat Schohtüüg dörchwett weern. Jümmers mal twischendörch faten sick allemann bi de Hänn, güngen in groten Kreis rundüm un sungen:

*Nu danzt man to un spaart keen Schoh,
de Schoster het Ledder, keen Lesten dorto,
un het he keen Lesten, so het he doch Sahlen,
denn schall unsen Buern de Schoh betahlen.*

In't 19. Jahrhunnert worr, wenn dat Fest ut weer, to den Rutsmieterdanz (de Kehrut) en Riemel mitsungen, wo in vertellt weer, dat nu all dat Besenperk (Binsendochte in den Öllampen) opbruukt weer, un de Lüüd endlich na Huus hin un in de Puuch rin müssen.

För de nödige Hitten noch en paar Swatttörfstücken naleggen

Ehrgüstern, twee Daag vör 't Backen, harr de Grootmudder, de in vele Huusholen dat Backen in de Reeg heel, den Grootknecht Bescheed geven, dat nödige Brootkorn to Möhl to fahren un de Mehlsäck achteran glieks in de Backstuuv aftostellen. Man wüss ok domals al recht goot, dat frisch mahltes Mehl 'n besonners smackhaftes Broot afgeven dee.

Güstern Abend stünnen denn de Schrot- un Mehlsäck blang de Döör von de Backstuuv. Na 't Kkökschiermaken drogen twee stevige Mannslüüd den sworen Backtrog von de Backstuuv na de Köök vör 'n Herd hin un stellen em dor op twee Hükers rop. Wieldess de Lüttdeern den Trog mit 'n Fedderflunk utulen dee un noch mal natt nawisch, haal de Oma den Steenpott mit den Suerdeeg ut 'n Keller hoch. Se nehm den Klümp rut un reev mit 'n Fahrdook den Baart dorvon af. Toerst keem en halven Sack fienes Roggenmehl un en Handvoll Solt in den Trog rin. Achteran verdelen de Fruunslüüd den Suerklümp bi stückwies babenop un pütschern noch 'n Emmer luuwarmes Water över. Denn worr allns goot dörchkneedt. Weer dat daan, denn streek de Ooltbuersche den weken Deeg baben glatt un streu 'n beten Mehl över, dormit dat naher bi 't Afdecken nich an de Deken peken dee. En Linnendook keem över un ton Warmholen worrn noch twee wullen Deken oder sogar 'n Fedderdeek opdaan. So kunn de Suerdeeg över Nacht in de Warms vör'n Herd richtig schön raschen (dörchsuern). Kort vör 't Düsterwarrn tüffel de Grootvadder von 't Huus na 'n Backaben röver, nehm dat Blickschild vörweg un stapel Törf un Meterholt achter in den Aven op. Vöran in 't Mundstück lee he ton Anböten noch Buschholt un 'n Handvoll Stroh torecht, stell dat Blickschild wedder vörhin un nehm den Rooksteen achter ut dat Tochlock rut. Nu weer ton Backen an tokamen Dag allns torecht un bedacht. An Backdagmorgen stünn de Ool so bi fief rüm op. Winterdags weer dat denn noch pickendüster. He haal sich mit de Füerschüffel 'n beten Gloot von 't Kökenfüer un güng dormit röver na 'n Aven.

Morgens an Backdag verdelen de Backfruuns de Restrezeptur ut Roggenmehl, Wetenmehl un Kümmel, Koriander, Solt un mennigmal ok noch 'n beten Boddermelk över den dörchsuerten Deeg un kneden allns goot dörch

Backen in den Buernbackaven

Dor stell he dat Blick to Siet, prahl nochmal luut in dat Mundlock rin (dor kunn sich jo över Nacht 'n Monarch ünnerkropen hebben, wenn de Hoffhund em nich in de Dääl rinlaten harr) un feng denn dat Füer an. Nu keem dat Blick avers schreeg vör, dormit dat Füer Luft halen kunn. 'n gode Stünn later worr de Gloot mit den langen Füerboom nochmal opraakt, achtern den Rooksteen wedder insett un (winterdags) noch 'n paar Meterholtstücken naleggt.

50

Dat Brootslaan weer Fruunsarbeit. Se weern 'n halve Stünn na den Ooltbuern ut de Feddern kamen un maken sich glieks över den Trog her. De Deken kemen rünner, un – jo nich to vergeten – de Suerklümp för den tokamen Backdag worr rutnahmen, goot insolt un wedder in den Steenpott daan. Denn geven se de Restrezeptur dorto. Dat weer 'n lütten Deel Wetenmehl, Solt, Koriander, luuwarmes Water ut 'n Biketel un Kümmelkörner (gegen Wind in Buuk). Achteran worr wedder fix kneedt, bit de Deeg eentöllig dörch weer. De Ooltbuersche reev naher den Deeg babenop glatt un maal dor mit ehre rechte Hand dree grote Krützen gegen Hexeree un för godes Diegen rin. Denn kreeg de Deeg sien Tiet ton Gahn (Teigruhe). Bi koolt Wedder slogen de Fruuns dat Broot in de Köök op, sommerdags drogen twee kräftige Mannslüüd den sworen Trog avers na 't Backhuus röver oder na den enkeltstahn Backaben hin. En Broot weer denn goot noog dörcharbeit, wenn dat bit Opslaan gegen de Trogwand anfung to smacksen, man sää dorto: „Dat Broot snack al, fang al an to vertellen." Nu worrn de Brööd op en Gässelbrett leggt un mit Kantüffelkliester oder Soltwater insmeert.

Twee Stünnen na 't Anböten farvten sich de Steen an 't Avenmundstück hell. Dormit wüss de Ool, dat de Aven nu sien Backhitten harr. He nehm dat Blick vörweg un raak mit 'n Glootraker (Krück) en lange Gass in de Gloot rin. Furts achteran schoov he en Gässelbrett mit wohl tein opleggte Brööd in den hitten Aven rin un maak gau wedder dicht, üm keen Hitten ruttolaten. Na 'n paar Minutenstiet, jüst so lang, as twee Vadderunsers duert, keem dat Broot wedder rut. Buten worrn de Brööd ümdreiht, dormit de Ünnersiet ok noch de grote Hitten kreeg un denn wedder rin dormit in den Aven, ok wedder twee Vadderunser lang. Nu heel en frische Köst dat Aroma in 't Broot fast. Vör 't Inschuven

◁ Se luern al op de leckere Fulenzertort

Rezept Fulenzertort

(...wiel se so gauel to maken ist)

Zutaten:

125 g Butter
200 g Zucker
4 Eigelb / 4 Eiweiß
1 kg Magerquark
1 Zitrone (Saft)
1 Päckchen Puddingpulver
1 Päckchen Backpulver
100 g gehackte Mandeln
40 g Mehl
1/2 l Sahne
2 kleine Dosen Mandarinen

Zubereitung:

Butter, Zucker, Eigelb schaumig rühren, Quark, Zitronensaft, Puddingpulver, Backpulver, Mandeln, Mehl und Sahne dazugeben.
Eiweiß zu Schnee schlagen, unterheben.
Tortenform mit Fett einreiben, Quarkmasse einfüllen, die gut abgetropften Mandarinen auf der Quarkmasse verteilen.

Bei 180° ca. 1 1/2 Stunden backen.

Guten Appetit!

Na twee Stünnen weern de Brööd goot, nu kunnen noch Plätten rindaan warrn

kreeg jedes Broot noch sien Mittelscheitel mit dat grote Kökenmesser. Mennigmal smeren de Fruuns de Brööd nochmal wedder in, dormit sich later 'n schöne brune Köst billen dee. Vör 't Afbacken raak Grootvadder de Gloot ut den Aven rut in de Glootkuhl rin un lösch ehr dor mit'n paar Emmer Water af. Gau noch mit'n langstöhligen Riesbessen de Krömelköhlen ut den Aven rutfegen un mit 'n överleggten natten Jutelappen rümswenken un nawischen, denn kunnt losgahn mit Brotinschuven. Üm seker to ween, dat de Backhitten ok richtig weer, dee de

Ooltbuer 'n lütten Brootball mit 'n insteken Gassenahr oder Goosfedder för fief Minuten in den Aven rin. Weern Ahr oder Fedder naher swatt, denn harr de Aven to veel Hitten, weern se avers schön bruun worrn, denn weer de Warms ton Afbacken jüst topass.

Nu worr dat erste Broot op den Schuver (Brootschüffel) leggt. Vör 't Inschuven nehm Grootvadder avers noch sien Mütz von Kopp, keek still un andächtig vör sich dal un beedt denn:

„Uns Broot is in Aven, uns Heergott dor baben, un all de dorvon eet, dat de em nich vergeet."

Na' t Beden keem de Mütz wedder an sien Platz un een bi 'nanner flutschen de Brööd in den Aven rin. Dormit se, wenn 't mal recht düster weer, bi 't Inschuven avers nich to neeg bi'nannerkemen un ton Klumpen tosamenwussen, kreeg dat erste Broot na ganz achtern hin en Lamp mit. Dat kunn en Holtfidibus, en opdrögten un in Öl stippten Klappkülenkopp (Schilfrohrkolben) oder ok mal 'n Speckswart ween. Weern alle Brööd inschoven, denn keem dat Blick wedder dicht vör. Na 'n gode Stünn peken de Brööd nich mehr un kunnen mit de Krück na achtern hin in den Aven tosamenschoven warrn. Nu geev dat vörnan noog Platz för Krintenstuten, Platenkoken un den Avenkater. Navers, de jüst keen Backaven ünner Füer harrn, backen gern mal 'n Koken mit af, wenn Överraschungsbesöök kamen weer.

Ok all de Lüttlüüd, de keen egen Aven harrn, bröchen ehre Backsaken ton Afbacken mit röver, se drücken avers furts ehre Huusstempel in de natten Brööd rin, üm ehr Egenbacktes later wedder rutfinnen to künnen. Düsse Huusstempels legen jümmers in de Muuslöcker (utspaarte Steen in' t Avenmundstück) parat. Na rund twee Stünnen Backtiet kreeg de Ool dat Blick vörweg un haal mit den Schuver (Mudder Klappfoot) een bi 'nanner de Koken un Brööd ut den Backaven rut.

In de letzte Hitten worr noch Fienbackkraam indaan un ok de Kinner dörsten ehren Pummel (in Deeg inwickelten Appel, Kinnerbrot) in 't Mundstück mit dörchbacken.

Harvstdags kemen utstente Plummen un ok Appelschieven ton Opdrögen op blickern Platen in den Aven rin. Ok de Quitschen kregen hier ehre schöne rode Farv un den goden Gesmack.

Dat för dat ganze Görenvolk na 't Afmelen (Utwählen, wer an de Reeg keem) bi 't Verstekenspelen den Backaven en ganz wichtigen Platz weer, harr rein garnix mit Backen to doon, dorför avers mit de gemütliche Warms binin, de sick meist en ganze Week heel.

Rezept Knusprige Haferflockenplätzchen

Zutaten:

2 Tassen flüssige Butter
2 Tassen Mehl
4 Tassen grobe Haferflocken
2 Tassen Zucker
2 Vanillezucker
2 Eier
1/2 Backpulver

Zubereitung:

Flüssige Butter in eine Schüssel geben und mit allen Zutaten gut verrühren. Ein Backblech mit Backpapier abdecken und darauf den Teig mit einem Teelöffel in kleinen Portionen großzügig verteilen.

Backzeit: *15 Minuten bei 200° C*

Guten Appetit!

Oh Hannes, wat 'n Hoot!

Jümmers in kole Tieden, kort vör un na Wiehnachten, wenn dat iesig koolt weer, denn stellen de Huusholen in't Dörp op Swienslachten to. Dat richtige Deert worr utkeken un Hannes Hoot kreeg Bescheed to'n Huusslachten. He weer een von de letzten Originale, de dat dotiets noch in de Dörper geev. Düssen Nökernaam harr Hannes dörch sien Spleen kregen, jümmers son grote Hööd to drägen. Mal harr he sien Rundhoot, den Eierkoker, opsett, to Hochtieden droog he en Zylinder, de vörher noch mit de Böst schön mit'n Streek glattbösst warrn müss, un to'n Graffleggen (Beerdigung) droog he wedder düssen hogen Stiefhoot, de he nu avers deep trurig stuuv (stumpf) gegen den Streek anbösst harr. To 'n Slachten krüüz Hannes jümmers mit son riesiges Dings von Klapphoot op, de em as anwussen op'n Kopp seet un de he blots ganz selten mal afsetten dee. De Huusslachters harrn nu Hochkonjunktur un dorüm stünn Hannes as afmaakt ok erst gegen Abend bi Buer Martens vör de Döör. Dat Bröhwater weer hitt un so kunn't furts losgahn. Dat fette Swien worr ut'n Kaben haalt un 'n beten sutje dalkleit, dat Hannes sien Slag ok richtig setten kunn. He dreep genau op'n Punkt un de Söög full furts doot üm. Nu worr steken un fix Bloot röhrt. Na't Överbröhen, Afschrapen un Klauenafrieten hölpen em de Mannslüüd op'n Hoff bi't Opleddern. As dat Deert endlich an't Krummholt hung un de Ledder an de Wand stünn, dor maak Hannes den Mittelschnitt un löös dat ganze Binnenleven baben von den Swiensteert bit neern na den Kopp hendal ut den Rump rut. He krempel de Darms üm un spööl se af, trock de Flomen rut un spann de Flomenhuut to'n Drögen op en Brett rop, denn de schull naher mit 'n doppelten Ümneiher noch de Mettwustsluuv afgeven. So bilüttens weer dat orig düster worrn. Hannes harr för hüüt sien Arbeit daan un dat Swien bleev över Nacht buten an de Ledder. Den Lüttkraam kunnen de Fruunslüüd later ok alleen na de kole Waschköök röverslepen. Hannes nehm nu sien Hoot von Kopp un stell em vör sick dal. He wisch sick mit'n Snuuvdook recht wat ümständlich Gesicht un Hänn af, sett denn na'n korten Stoot den Klapphoot mit 'n Swung wedder op'n Döötz rop un meen denn: *„Ick kaam morgen fröh Klock söven wedder to'n Tosnieden."* Jüst in den Moment keek Buer Martens ut de Blangendöör rut un reep: *„Du büst jo richtig dörchklaamt, Hannes, kaam doch noch op'n Grog rin, dat Water is al hitt."* Hannes tier sick meist 'n beten, kunn son Angebot avers eenfach nich utslagen. As he nu in de Döns rinkeem, nödigen em de Mannslüüd furts blang den Bilegger hin un setten sick sölvst so bito, dat he inkielt weer. Un denn geev dat 'n ganze Reeg hitte Grogs. Bald harr Hannes von de Bileggerhitten un den Sprit 'n orig bramsigen Kopp kregen un wull ok mit Gewalt na Huus hin, avers de Hofflüüd nödigen em een över't annere Mal to'n Drinken, klemmen em in de Bank fast un leten em braden. Dat duerst denn ok nich mehr lang, bit em de gele „Bradensaft" egalweg blang de Ohren in de Nack rindrüppel.

Endlich harrn se em faatkregen, denn reegüm in't Dörp, wo Hannes jüst slacht harr, weer ut de fetten Sögen verdächtig wenig Flomen rutkamen. Af nu müss Hannes dormit leven, dat de Gören in't Dörp em achteranrepen: *„Oh Hannes, wat 'n Hoot, dien Hoot, dat is 'n Flomenhoot!"*

Erst Slagen, Steken, Raseren un Opleddern,
◁ *denn de Buuksnitt von Steert na 'n Kopp dal*

55

56

Um 1800 verwendete man auf dem Lande zur Ausleuchtung der Wohnräume und Arbeitsplätze noch getrocknete Weiden- oder Harzholzspäne (Kienspäne). Jeweils im Herbst fiel dem Dienstjungen auf dem Hofe die Aufgabe zu, jeden Abend ca. 50 Späne als Wintervorrat herzustellen. Diese Kienspäne wurden während der Arbeit (z.B. Melken oder Dreschen) vom Lichtjungen in der Hand gehalten oder in Wand-, Stand- oder Deckenhalterungen, je nach Helligkeitswunsch, winkelverstellbar befestigt. Mit Tierfett oder Rüböl gefüllte Trankrüsel (Metall- oder Tonschälchen mit seitlicher Dochtrinne) lösten im Folgejahrhundert den Span ab. Als Dochtmaterial verwendete man zuerst das Binsenmark (Besenperk), welches mittels einer Nadel aus den Binsenstängeln herausgelöst worden war. Später wurden Flachs- und Baumwolldochte verwendet. In ihren Stallungen und Werkstätten arbeiteten die Menschen auf dem Lande zunehmend beim Licht von Petroleumlampen. Neben diesen benannten Lichtquellen stellten die Bauern bereits Wachs- und Talglichter her. Sollten Kerzen für besonders lange Brenndauer hergestellt werden, so verfuhr man nach folgendem Rezept (aus einem Kalender auf das Jahr Christi 1821):

8 Pfund Hammeltalg und 3 Pfund Rindstalg in kleine Stücke schneiden und zu einer Lösung von 4 Loth Küchensalz (24 Loth = 1 Pfund), 1 Loth Salpeter, 1/2 Loth Salmiak und 1 Pfund Wasser geben.
Alles so lange aufkochen, bis das Wasser verkocht ist. Die verbliebene Masse in einen zweiten mit Wasser und 1/2 Loth Salpeter gefüllten Topf gießen und das Wasser wieder verkochen lassen. Diesen Talg dann durch ein Leinentuch seihen. Damit wäre die Stippe endlich gebrauchsfertig.

Ein damals typischer Weihnachtsbaumschmuck:
◁ *Lametta, Kugeln, Spitze und Talglichter*

Lichter-stippen und Snöterkatten

Sollten Lichter in einer Form hergestellt (gegossen) werden, so war das Talgrezept derart zu verändern, dass die Gewichtsanteile von Hammel- gegenüber Rindstalg umgekehrt wurden. Zum Einschmelzen mussten übrigens Eisengefäße benutzt werden, weil die Masse sich in Kupferkesseln grün eingefärbt hätte.

Vor dem Stippen mussten die Dochte noch präpariert werden. Sie wurden je zur Hälfte aus Baumwolle und Flachs gedreht, in Branntwein-Kampferlösung getränkt und dann getrocknet. Anschließend tauchte man sie noch kurz in eine verflüssigte Mischung aus gleichen Anteilen von Wachs, Kuh-, Schaf- und Ziegentalg ein und hängte sie zum Trocknen auf.

Die fertige Stipptalgmischung wurde nun umgehend in einen ca. 40 Zentimeter tiefen Trog (Stipp- oder Stööpkasten) umgefüllt. An einem Lichtspät (ca. 70 Zentimeter langer Holzstab) wurden 6 bis 8 Dochte tief in das Talgbad eingetaucht und gleich darauf wieder herausgezogen. Zum Abkühlen und Talgverfestigen hängte man die Lichtspäte über die Holme einer waagerecht aufgebockten Leiter. Nach der Talgstarre an den Dochten wiederholte man diese Tauchprozedur so oft, bis die gewünschte Kerzenstärke erreicht war. Zum Schluss wurden die Rohlinge vom Spät geschnitten und so lange auf einer glatten Tischfläche unter den Handflächen gerollt, bis glatte und blanke „Talliglichten" entstanden waren.

Wenn man bedenkt, dass früher jeder Knecht auf dem Hofe täglich sein Kammerlicht, die Magd ihr Spinnlicht und der Stalljunge für seine Stalllaterne sein Kerzenlicht benötigte, des Wei-

Lichterziehen am Stipptrog

Lichtertisch zum Serienfertigen von Kerzen

teren Küchen-, Wohn- und Arbeitsbereiche aus-
geleuchtet werden mussten, dann wird deutlich,
weshalb ein sehr großer Kerzenvorrat gefertigt
werden musste. Auf Großbetrieben kam des-
halb zur vorweihnachtlichen Schlachtzeit wegen
der dann zur Verfügung stehenden Talgmenge
ein runder Drehtisch für die Kerzenproduk-
tion zum Einsatz. In die Peripherie dieses Lich-
tertisches waren in gleichem Abstand vonein-
ander 15 Haken eingedreht, an denen jeweils
Rundbrettchen hingen. Jedes dieser Brettchen
hatte im Außenkranz 16 Dochthäkchen, so dass
durch Einstippen und Herausnehmen dieser
Dochtbrettchen insgesamt 240 Kerzen im Fließ-
verfahren hergestellt werden konnten.

Nach der Bescherung spielten die Kleinen hingebungsvoll mit ihren Spielsachen

Neben dieser Massenherstellung zog die Hausfrau allerdings noch sogenannte „dreetwieselte Wiehnachtslichten". Zu deren Herstellung hatte sie bei der Stippprozedur drei daumendicke Kerzen oben am Docht beginnend zusammengeführt, dieses Dreierlicht auf der Tischplatte zusammengerollt und noch etliche Male bis zur Armdicke weitergestippt. Nach einem erneuten Glattrollen war dann das Weihnachtslicht fertig. Später brannten diese Kerzen auf dem Gabentisch mit einer Flamme an, nach kurzer Brenndauer dreiteilte sich die Flamme aber und stellte symbolisch die himmlische Dreieinigkeit dar. Diese aufwendig hergestellten „dreetwieselt Lichten" standen für die Kinder allerdings erst an zweiter Stelle. Sie favorisierten die billigen Snöterkatten, deren simpler Schäfhedendocht (Schäf = verbliebener Holzanteil im Flachs) mit seinem hohen Stängelholzanteil beim Abbrennen zischte, blitzte und knallte.

Herabgebrannte Kerzenstummel gelangten in den Provit (flacher kleiner Teller mit Dorn) und wurden dort restverwertet. Ein ganz wichtiges Utensil zur Talglichtpflege war die Schneuzschere, mit der der Docht gekürzt und der Abbrand gleich mitgenommen werden konnte. Mit einem Messinghut am langen Stiel (Stülptrichter) ließen sich dann zum Schluss des Heiligen Abends sogar die obersten Kerzen am Christbaum löschen.

De lege Tiet na '45

As de Twete Weltkrieg to Enn güng, dor leeg ganz Düütschland deep in de Schiet un ok bi uns hier in Norden weern domals heel lege Tieden. Üm halverlei dörchtokamen, worr nich blots jeden Penn tweemal ümdreiht, nee, denn wer sick tomindst eenmal an Dag satteten wull, en warme Stuuv hebben un 'n beten schier in Tüüg gahn müch, de müss doch en paar ganz simple Regeln beachten, nämlich: *Sparen, Opbewahren, Repareren un Organiseren.* Opto weer noch *Schinschen* anseggt, denn Hökers, Bäckers un Slachters dörsten blots op Bezugschien utgeven un harrn rein garnix in't Fenster.

In lege Tieden sünd plietsche un anstellige Köpp al jümmers fraagt ween, üm mit fixe Grappen ut recht *wenig* doch noch *wat* to maken. In de Köök worr ut Brie un Mandelöl leckern Marzipan zaubert, delikate Kantüffeltorten worrn backt un Makroonkoken ohn' Makroon kemen op 'n Disch. För allns, wat nich to hebben weer, worrn *Ersatzstoffe* funnen. Ok op al meist vergeten Handwark as Kantüffelmehl maken, Sirup opkaken un Sprit brennen kunnen sick de Lüüd wedder torüüchbesinnen. Buten op 'n Hoffplatz hau Grootvadder krumme Nagels un Krampen wedder liek, sammel allns op un verwahr ok allens. Keen utpeddten hölten Tüffel keem an de Kant, nee, denn dor worr dat Böverledder afdaan un achteran mit Wierdraht un lüttje Krampen an nie Holtsahlen wedder fastmaakt. Wat vondaag as utrangeert Wolltüüg in de Plünnbüdel rindaan

Flicken is dat erst, wenn
◁ *Flicken över Flicken kaamt*

warrt, dat worr dotiets oprubbelt un op'n Kluun wickelt, wat later keem dat denn wedder mang Grootmudders Strichwieren.

Wenn uns' Grootmudder domals wat von „Flikken" vertellen höörst, denn sää se man wat minnachtig: *„Wat, flicken nennt ju dat, flicken is dat erst, wenn Flicken över Flicken sett warrt."*

Wat nu dat Stoppen un Flicken angeiht, doröver het sick in unse Verwandtschop mal en lütt Geschicht afspeelt, un de güng so:

Abends na 't Eten harr de Familie ut Norderdithmarschen sick dat in de Beststuuv so richtig komodig maakt. De lütte Dochter seet op 'n Stohl an den Grootdisch bi ehre Schoolarbeiten. Ehre Mudder harr sick op'n Armstohl ünnert Licht von de Stahlamp hinsettt, dor kunn se nämlich allerbest stoppen un prünen. Grootmudder seet 'n beten wat achtertrüüch in de Sofaeck un bläder deepdenkern in dat dicke Familienalbum rüm. Vadder harr sick sien soliden Stohl an den Schrievdisch ranschoven un lees dat Blatt. 'n gode halve Stünn güng jedereen sien Saak na, so ganz sinnig un in Ruh. Mit eenmal sprung Vadder piel ut sien Stohl hoch un prahl: „Nu schall 't avers opholen, Mudders, ick kann't eenfach nich mehr utholen, ick kann dor nich mehr op sitten!" *De dree annern keken heel verwunnert na den Schrievdisch röver. Harr Vadder viellicht wat steken? Dat jüst nich, avers wiet von af weer 't ok nich, denn Mudder harr Vadders Ünnerbüx jümmers un jümmers wedder överstoppt, un düt groffe Gittermuster weer nu so deep in sien Sittfleesch rindrückt, dat he vör Wehdaag nich anners kunn, as sien Qual luut ruttoprahlen. Mudder wüss al Bescheed un sää mit 'n Grientscher: „Na, denn is't nu ok goot, mien Jehann, denn nehmt wi ehr nu to 'n Feudeln."*

WORTERKLÄRUNGEN
PLATTDEUTSCH/
HOCHDEUTSCH

anfengen	= anzünden
ans	= sonst
Avenkater	= Ofenkater (Topfgebäck)
bidess	= während, inzwischen
Bilegger	= Beilegeofen
bito	= nebenher
Böst	= Bürste
Brootslaan	= Brotaufschlagen
Buervagd	= Bürgermeister
Deert	= Tier
Diegen	= Gedeihen
dörchklaamt	= durchgefroren
Döns	= Diele, Wohnzimmer
Doon	= Tun
Draff	= Trab
durigweg	= dauernd
eentöllig	= einheitlich, gleichmäßig
ehrgüstern	= vorgestern
enkelt	= einzeln
Fedderflunk	= Handfeger
Flomenhuut	= Fetthaut
Frieöller	= Heiratsalter
Gassenahr	= Gerstenähre
Grappen	= Einfälle, Ideen
Haarbüdel	= Kater n. Alkoholgenuss
höört sick	= gehört sich
Hüker	= Hocker
jarpen	= herumalbern
Kabenkant	= Kobenbegrenzung
Kattuunrieter	= Textilhändler
klöört	= gefärbt
Klümp	= Kloß
Kluun	= Knäuel
Knüppel	= (hier) Taktstock
Köst	= Kruste
Krell	= Kurve
Kröpel	= Krüppel
Laad	= Flachdeckeltruhe

laat	= spät
luern	= warten, lauern
mennig	= manch, viele
Mettwustsluuv	= Mettwurstpelle
minnachtig	= geringschätzig, minderwertig
miteens	= auf einmal, plötzlich
möör	= mürbe
Ooltbuersche	= Altbäuerin
peken	= kleben, ankleben
prahlen	= laut rufen
Pogg	= Frosch
Puuch	= Bett
Quitschen	= Quitten
Raasperd	= Rassepferd
sachs	= wohl, eventuell
schraggeln	= laut reden, lamentieren
Sood	= Brunnen
Steed	= Stelle
Steker	= Schwächling
stevig	= kräftig, stark
Stoot	= Weile
Swatten	= (hier) Rappe
Temp	= Schar, Menge
tieren	= sich zieren, sich genieren
Tochlock	= Zugloch
Töhn	= Zehen
tokamen Week	= kommende Woche
truuschullig	= treuherzig, gutmütig
tutig	= tölpelhaft
Utschellen	= Schelte
utulen	= ausfegen
verleden	= vergangene
Vis-a-Vis	= Kutsche mit Gegensitzen
ween	= sein, gewesen
Weeswark	= Umstände, Aufhebens
Wehdaag	= Schmerzen
wellerig	= widerlich, übel
wiss	= gewiss, sicher
Witten	= (hier) Schimmel
Wittfruu	= Witwe
woans	= wie
Wuddel	= Wurzel, Mohrrübe

Weitere Bücher von Hans Hermann Storm im Christians Verlag:

Hans Hermann Storm

Vertellen von fröher

Bilder und Geschichten vom Lande

Christians

So war es damals –
Das Leben auf dem Lande

Bäuerliches Leben präsentiert sich in Texten auf Hoch- und Plattdeutsch, stimmungsvoll bebildert mit zeitgenössischen Originalfotografien. Ein Lesespaß für die ganze Familie.

Bd. I   ISBN 3-7672-1139-4
Bd. II   ISBN 3-7672-1211-0
Bd. III   ISBN 3-7672-1154-8
Bd. IV   ISBN 3-7672-1212-9
Bd. V   ISBN 3-7672-1153-x
Bd. VI   ISBN 3-7672-1233-1

Immerwährender Kalender

Ein schön illustrierter Geburtstags-Kalender, der nie verjährt.
Hlbln., 112 S., ISBN 3-7672-1252-8

Vör de Klöndör

Bilder und Geschichten vom Lande.
(2. Auflage in Vorbereitung)
Ppbd., 64 S., ISBN 3-7672-1281-1

Vertellen von fröher

Bilder und Geschichten vom Lande.
Ppbd., 64 S., ISBN 3-7672-1326-5

Volkskundliches und Anekdoten, amüsant und informativ.
Mit vielen großformatigen Fotografien.